Peter Heine

Terror in Allahs Namen

HERDER spektrum

Band 5240

Das Buch

Nach dem 11.9.2001 ist nichts mehr, wie es war. Eine neue Dimension von Gewalt hat die Welt erschüttert, die auch mit bekannten Formen des Terrorismus nicht gleichzusetzen ist. Fromme Selbstmörder und gewaltbereite Extremisten machen Angst. Der radikale Islam – die neue Gefahr für uns alle? Muslime unter Generalverdacht zu stellen führt nicht weiter. Aber differenzierte Information über komplexe Zusammenhänge tut Not. Welche geistigen Urheber, welche konkreten Ideen, welche organisatorischen Strukturen und welche Gruppen stecken hinter dem Terror? Was bewegt die „neuen" Täter bei ihrem „Rachezug" gegen einen Feind wie die westliche Welt? Geht es auch um einen Kampf der Kulturen und Religionen? Gibt es innere Zusammenhänge zwischen den Gewalttaten – von Palästina bis Malaysia? Wie kam es zu der todbringenden Gedankenmischung, die die ganze Welt in Schrecken versetzt? Woran glauben die Selbstmordterroristen wirklich? Was davon ist im Kern auf den Koran zurückzuführen und was die Pervertierung einer großen religiösen Tradition? Was sind die politischen und historischen Hintergründe der aktuellen Situation? Worin unterscheidet sich die gewalttätige Minderheit von anderen radikalen Muslimen? Wie konnte die Welle der Gewalt aus den islamischen Ländern überschwappen – und wie wäre ihr wirkungsvoll zu begegnen? Der Nahost-Experte und Kenner der extremen islamistischen Szene, der Berliner Islamforscher Peter Heine, beschreibt die Hintergründe, differenziert die Gruppen und trägt in einer aufgeheizten, unüberschaubaren Situation zur Klärung und zur Aufklärung bei.

Der Autor

Peter Heine, Dr. phil., Professor, Direktor des Instituts für Asien- und Afrikawissenschaften der Humboldt-Universität Berlin, studierte Islamwissenschaften, Ethnologie und Philosophie. Bei Herder Spektrum u. a. Mitverfasser eines dreibändigen Islam-Lexikons und Autor mehrerer Sachbücher (zuletzt: *Kulturknigge für Nichtmuslime*).

Peter Heine

Terror in Allahs Namen

Extremistische Kräfte im Islam

HERDER

FREIBURG · BASEL · WIEN

Gedruckt auf umweltfreundlichem,
chlorfrei gebleichtem Papier

Originalausgabe

www.herder.de
Satz: Barbara Herrmann, Freiburg
Druck und Bindung: fgb · freiburger graphische betriebe 2001
www.fgb.de
Umschlaggestaltung: R·M·E / München,
Roland Eschlbeck, Liana Tuchel
Umschlagbild: Szene aus einem Propagandavideo aus einem
afghanischen Ausbildungslager Usama bin Ladens © Agentur Reuters
ISBN: 3-451-05240-7

Inhalt

Vorwort

Die Nachricht von der Attacke auf das World Trade Center in New York erreichte mich am Nachmittag des 11. September in der Bahn – über das Handy. Die Gleichzeitigkeit von Ereignis und Information war augenfällig und symptomatisch. Typisch aber auch das Wettrennen, das kurze Zeit später um die Deutung der Geschehnisse durch die Experten einsetzte. Kaum war die Katastrophe eingetreten, vermutete man schon islamische Fundamentalisten als Täter. Warum dieser Generalverdacht gerade in Bezug auf Muslime, gleichgültig, von welchen Unglücken die Welt getroffen wird? Diese Frage muss man stellen. Beim Sprengstoffattentat in Oklahoma City konnten keine muslimischen Täter dingfest gemacht werden – obwohl eine solche Vermutung sofort aufgetaucht war. Je deutlicher freilich wurde, dass dieses Mal tatsächlich Muslime als Täter der in den USA an mehreren Orten gleichzeitig begangenen Verbrechen in Frage kamen, um so dringlicher wurden die Fragen der Medien. Gerade von Islamwissenschaftlern wurden jetzt Interviews, Mitwirkung in Diskussionen oder analytische Zeitungsbeiträge in größter Hektik gefordert. Bei früheren Ereignissen, die die islamische Welt betrafen, war von den jetzt gefragten Wissenschaftlern zu Recht kritisiert worden, dass in den Medien über die Hintergründe, über mögliche Zusammenhänge und komplexere Problemkonstellationen wenig differenziert berichtet bzw. informiert worden war Jetzt zeigte sich: Kritik zu üben ist leichter als dem erhobenen Anspruch selber gerecht zu werden. Die ungeheuren Ereignisse der ersten Septemberhälfte 2001 haben deutlich gemacht, dass auch Vertreter der zuständigen akademischen Disziplinen diesen Ereignissen ohne Erklärungen gegenüberstanden und die Zuflucht oft bei Stereotypen suchten, die gerade sie bei Journalisten in anderem Kontext heftig kritisiert hätten. Muslime in Deutschland haben diese ersten Erklärungsversuche kritisiert. Zu Recht.

Das Erschrecken über die ersten öffentlichen Reaktionen auf die Geschehnisse in New York und Washington ließ es als notwendig erscheinen, in der Öffentlichkeit und in den Medien gegen eine Gleichsetzung von Muslimen und Terroristen Stellung zu beziehen. Ich war keineswegs der Einzige, der diese Differenzierung einforderte. Und es war wohl das erste Mal seit der Einwanderung von Muslimen nach Deutschland überhaupt, dass Politiker und Medien die heraufziehende Gefahr zur Kenntnis nahmen, die für das Zusammenleben einer nennenswerten muslimischen Minderheit und einer nicht-muslimischen Mehrheit in einer generellen Verteufelung des Islam liegt. Kaum eine Fernsehdiskussion verging, kein Zeitungskommentar wurde geschrieben, ohne dass darauf hingewiesen worden wäre: Man sei – natürlich – weit davon entfernt, eine ganze Kultur zu verdammen. Man stellte „liberale" oder „gemäßigte" (Letzteres im übrigen kein unproblematischer Ausdruck) Muslime den „fundamentalistischen" Muslimen gegenüber. Je präziser die Kenntnisse der Hintergründe der Attentäter von New York und Washington wurden, je klarer die Spuren nach Deutschland führten, desto irritierter zeigte sich freilich die Öffentlichkeit. Die Konsequenzen aus dem unauffälligen Verhalten der mutmaßlichen Attentäter (der Begriff „Schläfer" gewann Bedeutung) waren für eine Bewertung nicht ohne weiteres zu ziehen. Sollten denn nun bärtige Muslime mit verschleierten Frauen (Musliminnen selber verwenden in diesem Zusammenhang übrigens gern das Wort ‚beschützt') nicht mehr zu den Bösen gehören und die Unauffälligen die reale Gefahr darstellen? Wem kann man überhaupt noch trauen?

„Niemand, weder Muslime noch Nicht-Muslime, kann in das Herz eines Menschen sehen. Das kann nur Gott allein", sagte mir ein befreundeter Muslim bei einer öffentlichen Diskussion auf die Frage, was man gegen Terroristen tun könne, die sich auf diese Weise verbergen. Und er fuhr fort: „Man kann nur für die Opfer beten." Diese selbstverständlich fromme Sicht macht schon einen Unterschied zu den Reaktionen einer säkularen Gesellschaft anschaulich. Eine E-Mail, die mich von einer Doktorandin aus Pakistan erreichte, berichtete mir am gleichen Tag, dass in pakistanischen Moscheen tatsächlich für die Opfer der Anschläge gebetet worden war. Niemand wird – in einem inkriminierenden Sinn des Wortes – behaupten, dass Muslime, die für die Opfer der Terrorakte beteten, Fundamentalisten seien, obwohl sich diese in ihrem Handeln und ihrer Weltdeutung doch intensiv auf die Fundamente ihres Glaubens und ihrer religiösen Praxis beziehen. Man wird sinnvollerweise höchstens von „frommen" oder „praktizierenden" Muslimen sprechen. Es bleibt festzuhalten: Die Glaubensvorstellungen und die Lebenspraxis solcher Muslime sind weit entfernt von der Haltung der Attentäter des 11. September 2001 und anderer ähnlich motivierter Terrorakte. Muslime, die die Kritik der Attentäter teilen, aber eben nicht ihre Mittel billigen und Gewaltanwendung gegen Unschuldige vehement ablehnen, sind möglicherweise als Fundamentalisten zu bezeichnen. Aber wir dürfen sie keineswegs mit den Terroristen identifizieren. Auch wir müssen ja versuchen, die Motive und die Gedankenwelt der Täter zu verstehen, wenn wir der Gewalt, die hier manifest wurde, vorbeugen wollen.

In den öffentlichen Diskussionen ist häufig von Fundamentalisten die Rede, wenn von radikalen Formen des Islams gesprochen wird. Hier ist bei aller Notwendigkeit der Verkürzung eine gewisse Differenzierung erforderlich. Zunächst ist anzumerken, dass es neben einem islamischen Fundamentalismus auch christliche, jüdische oder hinduistische Fundamentalismen gibt. Darunter versteht man religiöse Ausprägungen, die eine wörtliche Auslegung ihrer heiligen Schriften und Traditionen propagieren und jede Modernisierung ablehnen. Sie sind in der Regel nicht gewalttätig. Aus diesen Fundamentalismen können sich allerdings radikale Vorstellungen entwickeln, deren Anhänger auch zu Gewalt greifen, um ihre Vorstellungen durchzusetzen. Im islamwissenschaftlichen Kontext heißen sie Islamisten (arabisch: Islamiyun) oder Radikale.

Über die Vorstellungen der Attentäter, auch über ihre religiösen Vorstellungen, wissen wir kaum etwas. Vielleicht werden wir auch nie etwas Endgültiges zu ihren Biographien, ihren Motiven und Beweggründen erfahren. Daher ist möglicherweise die Frage, ob es sich bei ihnen um religiöse Fundamentalisten handelte, kaum abschließend zu beantworten. Es muss uns bewusst sein, dass sich Muslime nicht nur insgesamt in ihrer Haltung zur Welt und der Gesellschaft, in der sie leben, unterscheiden. Auch islamische Fundamentalisten weisen untereinander große Unterschiede auf. Gleichgültig aber, ob ihr Verhalten im täglichen Leben von der Mehrheitsbevölkerung akzeptiert wird oder nicht, festzuhalten bleibt: Auch die religiösen Fundamentalisten dürfen nicht unter den Generalverdacht des Terrorismus gestellt werden. Die nachfolgenden Seiten wollen versuchen, die Unterschiede zwischen islamischen Fundamentalisten, muslimischen Radikalen und extremistischen Terroristen mit islamischem Hintergrund aufzuzeigen und die geistigen, historischen, ökonomischen und gesellschaftlichen Bedingungen für die Entstehung eines gewaltbereiten islamischen Radikalismus zu skizzieren. Gerade weil die aktuellen Phänomene so komplex sind, muss – gegen jede Simplifizierung der Ursachenbeschreibung – auf alle diese Bedingungen eingegangen werden.

Ich habe von der Gleichzeitigkeit von Ereignissen und Information in unserer Gesellschaft gesprochen. Wer die Hintergründe der Ereignisse und ihren Bezug zur islamischen Welt erläutern will, wird aber auch die Gleichzeitigkeit des Ungleichzeitigen in unserer einen Welt feststellen. Daher ist es notwendig, in diesem Buch auch ausführlicher über kulturelle, soziale und geistige Bewegungen zu informieren, die lange zurückliegen, die aber bis heute nachwirken. Ferner ist es gerade in der aktuellen Situation notwendig, immer wieder sachkundig auch auf die religiösen Inhalte des Islam einzugehen und diese Religion auch von dem Ziel her zu bestimmen, das sie sich selber stellt, um davon die Strömungen abzuheben, die diese Ziele pervertieren.

Zu danken habe ich Dr. Rudolf Walter, dem Programmleiter von Herder Spektrum, und seinem Team, dass sie meinen Vorschlag für dieses Buchprojekt spontan aufgegriffen und alles für eine schnelle Publikation getan haben. Die arbeitsfreie Zeit meiner Frau, Dr. Ina Heine, nach fast dreißigjähriger belastender beruflicher Tätigkeit begann mit der teilweise hektischen stilistischen und inhaltlichen Überarbeitung dieses Textes. Auch dieses Buch unter meinem Namen wäre ohne ihr Engagement, ihre kritischen Stellungnahmen und ihre liebevolle Fürsorge nicht so schnell und nicht in dieser Form entstanden. Zu danken habe ich auch meiner Mitarbeiterin, Frau Riem El-Solami, M.A., für ihre vielfältige Hilfe und nicht zuletzt zahlreichen Gesprächspartnern in den Tagen der Entstehung dieses Buches im dramatischen September 2001.

Berlin, den 8. Oktober 2001 Peter Heine

Eine Religion unter Aggressionsverdacht – Dschihâd und Schahid

Seit dem Erfolg der islamischen Revolution im Iran vor mehr als zwei Jahrzehnten lässt der Islam die deutsche Öffentlichkeit nicht mehr zur Ruhe kommen. Irritationen, Fehldeutungen und Missverständnisse finden sich nicht nur in der Tagespresse oder in aktuellen Nachrichtensendungen, sondern auch in den Feuilletons renommierter Wochenzeitungen oder unter Intellektuellen. Zwei Themenfeldern sind es, auf denen die Bildung von Vorurteilen gegenüber dem Islam besonders intensiv ist: Sexualität und Aggressivität. Polygynie und Harem, Schleier und Kopftuch stehen für das eine, ‚Heiliger Krieg', die Verbreitung des Islams ‚mit Feuer und Schwert', Selbstmordattentate für das andere. Dies alles – verbunden mit bestimmten Vorstellungen über die Grausamkeiten des islamischen Rechtsystems, der *Scharia,* und über die Rechtsgutachten, die so genannten *Fatwas* – führt oft zu einem Gesamtbild, das Muslime unter den Generalverdacht der Radikalität und des Fundamentalismus stellt. Nun kann nicht in Abrede gestellt werden, dass das islamische Recht Formen der Polygynie kennt, dass es, ebenso wie es christliche, jüdische oder hinduistische Fundamentalisten gibt, auch muslimische Fundamentalisten gibt und dass Selbstmordattentäter ein Phänomen sind, das gerade in islamischen Gesellschaften um sich greift. Um dies alles aber angemessen zu verstehen, ist ein Blick auf das rechtliche System des Islam, seine Organisation, seine Entwicklung und insbesondere auf die Konzepte von *Dschihâd* und *Schahid* sinnvoll, die im Hintergrund der gegenwärtigen Diskussion immer wieder eine zentrale Rolle spielen.

Manche Politiker wie die frühere britische Premierministerin Thatcher haben nach den Ereignissen von New York und Washington darüber Klage geführt, dass muslimische Autoritäten die Attentate nicht umgehend verurteilt hätten und dass nur einzelne religiöse Autoritäten bzw. nur einzelne Sprecher von muslimischen Gemeinschaften sich zu den Vorgängen geäußert hätten. Ursache für dieses vermeintliche bewusste Schweigen ist freilich nicht böser Wille oder mangelnde Sensibilität für westliche Befindlichkeiten, sondern die Tatsache, dass der Islam (jedenfalls in der Gestalt, der die Mehrheit der Gläubigen angehört) eine Religion mit einer wenig ausgeprägten hierarchischen Struktur ist. Niemand ist also durch seine hierarchische Funktion dazu legitimiert, repräsentativ für „den Islam" zu sprechen. Muslime sind zunächst einmal unmittelbar zu Gott: sie benötigen keinen geistigen Führer, keinen Priester, Guru oder Schamanen. Das islamische Dogma ist so einfach, dass man, um den Glauben richtig zu praktizieren, im Grunde nicht einmal Religionsunterricht benötigt. Orthopraxie ist im Islam wichtiger als Orthodoxie. Auch die islamischen Rituale sind so wenig ausgeprägt, dass ihr Vollzug rasch zu erlernen ist. Auch zu ihrem rechten Vollzug sind keine religiösen Funktionsträger vonnöten. Selbst Gebäude werden eigentlich nicht gebraucht, weil man seiner Gebetspflicht überall genügen kann, wenn man nur einen rituell reinen Boden schafft, auf dem man das Gebet vollzieht.

Das hier deutlich werdende hierarchische „Defizit" hat immer dann Vorteile, wenn Muslime in einer gesellschaftlichen Situation leben, in der sie mehr oder weniger isoliert sind. Sie können auch dann ihren Glauben praktizieren, ihn bekannt machen und für ihn werben. Natürlich haben sich im Laufe der Zeit Klassen von religiösen Funktionsträgern herausgebildet, die sich durch ein Studium eine bestimmte Kompetenz in religiösen oder rechtlichen Fragen angeeignet haben. Aus dieser Kompetenz leiten sie auch eine gewisse Autorität über ihre

Glaubensbrüder ab. Mit der Autorität des Lehramtes etwa in der katholischen Kirche ist dies aber nicht vergleichbar.

Das Fehlen von Hierarchien hat freilich Auswirkungen. Zu ihnen gehört, dass im Grunde jeder Muslim den Anspruch erheben kann, für sich zu definieren, was Islam ist. Dieses Recht ist ihm nicht zu nehmen. Welche Positionen sich bei Diskussionen um den rechten Islam durchsetzen, ist abhängig von den historischen Umständen, unter denen die Debatten stattfinden, von der theologischen, politischen oder wissenschaftlichen Kompetenz der an der Auseinandersetzung beteiligten Persönlichkeiten und nicht zuletzt von dem politischen Einfluss, der auf die Debattierenden ausgeübt wird. Daher finden wir auch innerhalb weniger Jahre Äußerungen von Gelehrten (arabisch *âlim*, pl. *ulamâ'*) eines Landes oder sogar einer und derselben theologischen Hochschule, die sich diametral widersprechen. So haben Gelehrte der Azhar-Hochschule in Kairo zu Zeiten, in denen der arabische Sozialismus die herrschende Ideologie im Lande war, den Islam als eine Urform des Sozialismus zu interpretieren versucht und bei anderer Gelegenheit die Bedeutung des Privateigentums und des freien Handels hervorhoben. Die Vielzahl der unverbindlichen Äußerungen zu wichtigen Fragen ist nicht nur für Außenstehende, sondern manchmal auch für viele Muslime irritierend. Letztere sind aber so sehr an diese Situation – und auch an die positiven Seiten dieser Meinungsvielfalt – gewöhnt, dass sie häufig mit einer gewissen achselzuckenden Resignation die gedanklichen Schwankungen und Verrenkungen der *Ulamâ'* zur Kenntnis nehmen. Viele – nicht immer zureichend informierte – westliche Beobachter sehen die mangelnde Eindeutigkeit dagegen als ein grundsätzliches Defizit des Islams, dem es nicht zu gelingen scheint, zu wichtigen Fragen, z. B. auch zu Ereignissen wie den Attentaten von New York und Washington, eine eindeutige Position geschlossen zu beziehen. Die Rolle der islamischen Gelehrten in ihrer Gesamtheit, ist zumindest im sunnitischen Mehrheitsislam daher nicht eindeutig festgelegt zu bezeichnen. Der einzelne gläubige

Muslim muss sich bei allen seinen täglichen Handlungen darüber klar sein, wie sie vor Gott als dem Richter zu werten ist. Man könnte von einer moralischen Elle sprechen, die an alle seine Taten angelegt werden muss. Es gibt Handlungen, die für den Gläubigen verpflichtend sind, wie das Gebet oder das Fasten im Monat Ramadan, andere sind gut, wie z. B. freundliches Verhalten gegenüber Fremden und Reisenden, wieder andere sind ethisch neutral, wie z. B. sportliche Betätigung. Daneben gibt es natürlich auch noch Handlungen, die verabscheuungswürdig sind, z. B. der Umgang mit unreinen Dingen. Und schließlich gibt es Dinge, die dem Muslim absolut verboten sind, wie das ungerechtfertigte Töten von Menschen. Andere Zuordnungen sind allerdings nicht statisch. So wurde im Mittelalter der Konsum von Wein als verabscheuungswürdig angesehen, war aber nicht verboten. Heutige Muslime sehen in ihm dagegen einen schweren Verstoß gegen Gottes Gebote.

Ein durchschnittlicher Muslim ist nicht in der Lage, alle Neuerungen, denen er im Verlauf seines Lebens begegnet, mit dieser ethischen Elle zu messen. Um eine gewisse Sicherheit zu haben, dass etwa das Surfen im Internet, der Gebrauch einer Digitalkamera, Organtransplantationen, künstliche Befruchtung, das Hören von Musik oder eine Urlaubsreise in ein nicht-islamisches Land (die Beispiele ließen sich vermehren) nicht zu den Dingen gehört, die Gott verboten hat, kann er sich an einen Rechtsgelehrten wenden, der ihm zu seiner Frage ein Rechtsgutachten (*fatwa*) erstellt. Grundlagen seiner gutachterlichen Äußerungen sind der Koran (als das unerschaffene Wort Gottes in arabischer Sprache) und die Worte, Taten und Unterlassungen des Propheten (*hadith*). Weitere Quellen der Rechtsschöpfung bei einem derartigen Gutachtensvorgang sind der Analogieschluss (*qiyâs*), der Konsens der Gelehrten (*ijmâ'*), das Prinzip der Notwendigkeit eine Handlung (*durûriyya*) und das Für-gut-Halten (*istihsân*). Während das Maß an Interpretationsfreiheit bei Aussagen des Korans und der Prophetenüberlieferungen begrenzt ist, haben die Rechtsgelehrten bei den anderen Prinzipien einen beträchtlicher Ermessensspielraum. Solch ein *Fatwa* ist für einen sunnitischen Muslim nicht verbindlich. Falls er mit der Antwort des Gutachters nicht einverstanden ist, kann er sich einem anderen *Âlim* zuwenden in der Hoffnung, von diesem eine günstigere Antwort zu erhalten. Um nicht falsch verstanden zu werden: Menschen, die sich so ernsthafte Gedanken um ihr Seelenheil machen, dass sie Gelehrte, denen sie eine mehr oder weniger große Autorität zugestehen, fragen und für die Antworten auch noch Kosten tragen, werden kaum so lange zu wechselnden Fachleuten gehen, bis sie die ihnen genehme Antwort auf ihre Frage erhalten haben. Dennoch bleibt die Feststellung bestehen, dass ein *Fatwa* im sunnitischen Islam keine Verbindlichkeit für den Einzelnen noch für die Gemeinschaft der Muslime haben kann. (Das schiitische *Fatwa* gegen Salman Rushdie dagegen hatte diese Verbindlichkeit, daher wird unten auf die Schiiten noch gesondert einzugehen sein.)

Die Gesamtheit der Methoden islamischer Rechtsfindung und die aus diesen resultierenden Ergebnisse sollen hier als ‚islamisches Recht' bezeichnet werden. In diesem Zusammenhang ist dann auch häufig von *Scharia* oder gar von der ‚heiligen *Scharia*' die Rede. Die von der Mehrzahl der radikaleren Muslime (und nicht nur von diesen) geforderte Wiedereinführung der *Scharia* in das Rechtssystem islamischer Staaten bedeutet daher nicht nur die Praktizierung bestimmter Strafen und anderer rechtlicher Regelungen, sondern die Anwendung der beschriebenen Rechtsprinzipien. Da ein gewisses Maß an Verbindlichkeit von rechtlichen Positionen oder gar Normen in traditionellen wie in modernen Gesellschaften unabdingbar für deren Funktionieren ist, entstanden in einem komplizierten Prozess offizielle Rechtsinstitutionen (*dâr al-iftâ* – Haus der gutachterlichen Äußerungen), in denen die Übereinstimmung von politischen Entscheidungen mit den Prinzipien und Traditionen der *Scharia* bestätigt werden musste. Im Zusammenhang mit der Modernisierung islamischer Staaten wurden diesen Institutionen moderne, westlich beeinflusste Rechtsinstitutionen zur Seite gestellt.

Nach und nach wurden die islamischen Rechtseinrichtungen in vielen islamischen Ländern sogar völlig abgeschafft. Daraus ergab sich in diesen Gesellschaften aber in der Regel eine unübersichtliche Gemengelage, in der sich islamisches Recht, westliches Recht und zusätzlich auch noch traditionelles Gewohnheitsrecht vermengten, was zu einer großen Rechtsunsicherheit führte. Die Forderung traditionell gesinnter und radikaler Muslime nach der erneuten Praktizierung der *Scharia* ist daher zumindest im Blick auf die erwünschte Rechtssicherheit nachvollziehbar. Allerdings muss sie als unrealistisch angesehen werden: Selbst in Staaten, die sich etwas darauf zugute halten, dass bei ihnen das islamische Recht praktiziert wird, hat sich neben der *Scharia* noch ein weiteres Rechtssystem etabliert, das dann z. B. in Saudi-Arabien als ‚königlicher Befehl' oder im Sudan als ‚Befehl des revolutionären Kommandorates' bezeichnet wird. Wie anders als durch derartige Konstruktionen sollte man in einer globalisierten Welt mit den Rechtssystemen außerhalb der islamischen Staatengemeinschaft kommunizieren? Die Alternative zur Etablierung dieser parallelen Rechtssysteme neben dem islamischen Recht wäre ein Autismus nach Art der afghanischen Taliban, der nicht im objektiven Interesse der muslimischen Welt liegt.

Dschihâd

Seit den 70er Jahren begründen muslimische Terroristen ihre Aktionen gegen staatliche Einrichtungen oder gegen Einzelpersonen mit dem Argument, sie befänden sich im *Dschihâd.* Die Aufrufe von Usama bin Laden zu Angriffen auf amerikanische Einrichtungen werden als *Dschihâd*-Aufrufe formuliert und von seinen Anhängern auch so verstanden. Moderne muslimische Politiker – wie der irakische Präsident Saddam Hussein im Golfkrieg von 1990/91 gegen die Alliierten – haben den Begriff immer wieder gebraucht. Was ist damit gemeint?

Auch der *Dschihâd*, der in der deutschen Öffentlichkeit gemeinhin als ‚heiliger Krieg' bezeichnet wird, ist zunächst im Kontext des islamischen Rechts zu sehen. Von seiner wörtlichen Bedeutung her könnte man dieses arabische Wort etwa mit ‚Anstrengung aller Kräfte' wiedergeben. In vielen Fällen wird das Wort *Dschihâd* noch durch die Formel ‚*fî sabîl allâh*' (auf dem Wege Gottes) ergänzt. Entstanden ist der Begriff im Zusammenhang mit den kriegerischen Auseinandersetzungen, die der Prophet Muhammad mit den Einwohnern seiner Vaterstadt Mekka nach seiner Übersiedlung nach Medina im Jahre 622 begonnen hatte. Der *Dschihâd* gegen Nichtmuslime ist die einzige im Islam erlaubte Form der Kriegführung: Jeder bewaffnete Konflikt zwischen Muslimen ist verboten. Natürlich gab es auch zwischen den seit dem Mittelalter entstandenen islamischen Staaten immer wieder kriegerische Auseinandersetzungen. Diese wurden in der Vergangenheit jedoch nie als *Dschihâd* bezeichnet, ja nicht einmal der Kampf gegen islamische Häretiker wurde von den sunnitischen Rechtsgelehrten als *Dschihâd* angesehen.

Im Koran ist an zahlreichen Stellen vom *Dschihâd* die Rede. So heißt es in Sure IX, 5: „Wenn die heiligen Monate abgelaufen sind, dann tötet die Polytheisten, wo immer ihr sie findet, greift sie, belagert sie und lauert ihnen auf jedem Weg auf. Wenn sie umkehren, das Gebet verrichten und die Abgaben entrichten, dann lasst sie ihres Weges ziehen." Und in Sure IX, 111 wird festgestellt: „Gott hat von den Gläubigen ihre eigene Person und ihr Vermögen dafür gekauft, dass ihnen das Paradies gehört, insofern sie auf dem Wege Gottes kämpfen und so töten oder getötet werden. Das ist ein ihm obliegendes Versprechen ... (Übersetzung A. Khoury).

Nach allgemeiner Auffassung der islamischen Juristen bis weit in die Neuzeit hinein ist das Ziel des *Dschihâd* zunächst die Verteidigung der Muslime gegen Angriffe von außen und die Ausbreitung des Islams durch Waffengewalt. In den erwähnten Auseinandersetzungen mit den Einwohnern von Mekka war das Ziel dabei durchaus auch eine zwangsweise Bekehrung zum Islam. Wer sich dem verweigerte, wurde getötet oder versklavt. „*Aslim, taslam*" (Wenn du dich zum Islam bekehrst, bist du gerettet) war die entsprechende Formel. Doch schon hier beginnen die Geister sich zu scheiden. Muslimische Gelehrte sind mehrheitlich der Ansicht, dass mit der Ausbreitung des Islams vor allem die Verbreitung des Islams als politisches System und als Rechtssystem gemeint war, nicht etwa die Verbreitung einer religiösen Überzeugung. Nach dem ebenfalls im Koran zu findenden Satz „Es gibt keinen Zwang in der Religion" verzichtete man auf Zwangsbekehrungen. Man kann diese Einstellung des frühen Islam als sehr realitätsbezogen einschätzen: Auch wenn es den muslimischen Heeren in der ersten hundert Jahren der islamischen Geschichte gelang, weite Teile der bekannten Welt unter ihre Kontrolle zu bringen, so wären sie doch nicht in der Lage gewesen, in diesen weiten Landstrichen, in denen sie eine fast verschwindende demografische Minderheit bildeten, eine dauerhafte militärische, vor allem aber politische Kontrolle zu errichten, wenn sie sich in einer permanenten Auseinandersetzung mit der einheimischen Mehrheitsbevölkerung befunden hätten. Ausdrücklich legt der Koran darüber hinaus fest, das die Angehörigen der so genannten ‚Buchreligionen' zur Abgabe einer besonderen Steuer verpflichtet werden, aber im Übrigen Religions- und Ritualfreiheit genießen sowie ihr eigenes Recht behalten sollen. Neben den Juden und Christen wurden auch die ‚*Majûs*' (‚Magier', Angehörige der zarathustrischen oder zoroastrischen Religion) als Gläubige einer Offenbarungsreligion angesehen. Über Jahrhunderte blieben Muslime daher in der zahlenmäßigen Minderheit, obwohl sie die entsprechenden Länder kontrollierten.

Zunächst war der *Dschihâd* als religiöse Pflicht aller Muslime verstanden worden. (Hier scheinen die Anweisungen des Korans allerdings widersprüchlich zu sein.) An einer Stelle wird er mit dem Gottesdienst der christlichen Mönche verglichen: „*Dschihâd* ist das Mönchtum des Islam", heißt es im Koran. Er wird als eines der ‚Tore zum Paradies' angesehen. Diejenigen Muslime, die im *Dschihâd* ihr Leben lassen, sind Märtyrer des Glaubens, Blutzeugen. Es können aber auch Nicht-Muslime, die unter islamischer Herrschaft leben, zum *Dschihâd* aufgerufen werden.

Seit der Etablierung der ersten islamischen Dynastien im 6. Jahrhundert wurde der *Dschihâd* dann die besondere Verpflichtung der islamischen Herrscher, der Kalifen. In der weiteren Entwicklung setzte sich die dahinter stehende Tendenz fort: Der *Dschihâd* wurde als kollektive Pflicht der islamischen Gemeinschaft angesehen und dem Einzelnen nur noch insofern auferlegt, als er seinen Beitrag dazu leisten musste, dass der Kampf durchgeführt werden konnte. Selbst in den Krieg zu ziehen, war nicht mehr Pflicht.

Im Übrigen betonten die islamischen Rechtsgelehrten immer wieder, dass die Ausbreitung des Islams nicht notwendigerweise durch militärische Mittel erfolgen soll. Auch die Bekanntmachung seiner Regeln und Glaubensinhalte durch friedliche Mittel wie Predigt und geduldige Überzeugungsarbeit wurde als *Dschihâd* verstanden. Bei einigen Theoretikern des *Dschihâd* findet man in diesem Zusammenhang die Formulierung vom ‚Krieg der Worte'. Die Pflicht zum *Dschihâd* konnte erfüllt werden durch das Herz, die Zunge und die Hände, aber auch durch das Schwert. Der Gläubige erfüllte die Glaubenspflicht des *Dschihâd* durch das Herz, indem er sich bemühte, den Teufel zu bekämpfen und sich gegen dessen Verführung zum Bösen zur Wehr zu setzen, die des *Dschihâd* durch Zunge und Hände dadurch, dass er das Gute beförderte und das Böse zu verhindern suchte, und schließlich die des *Dschihâd* durch das Schwert im militärischen Kampf unter Aufopferung von eigenem Besitz und auch des eigenen Lebens. Die Gelehrten sahen ihn als eine Form religiöser Propaganda, die spirituelle ebenso wie materielle Mittel anwenden konnte.

Die Regionalisierung der Verpflichtung zum aktiven *Dschihâd* war insofern eine folgerichtige Entwicklung, als die islamische Welt im Lauf der ersten drei Jahrhunderte eine Ausdehung erreicht hatte, die weder unter den damaligen

Kommunikationsbedingungen noch unter den im Inneren gegebenen Verhältnissen, die durch widerstreitende politische, wirtschaftliche und gesellschaftliche Kräfte gekennzeichnet waren, ein notwendiges Maß an Einheitlichkeit zu erreichen in der Lage gewesen wären, um *Dschihâd*-Aktionen wie z. B. in Spanien gegen Kastilien, in Westafrika gegen die Königreiche der Ashanti, in Kleinasien gegen das Reich von Byzanz, in Zentralasien gegen chinesische Herrscher oder auf dem indischen Subkontinent gegen Hindufürsten zu koordinieren, von den komplizierten Verhältnissen in der indonesischen Inselwelt einmal ganz abgesehen. Das islamische Recht formulierte damals in etwa folgende Lösung: Falls eine genügend große Gruppe von Muslimen sich zusammenfindet, um den Notwendigkeiten eines speziellen (lokalen oder regionalen) Konflikts zu begegnen, besteht für die übrigen Muslime der Welt keine Verpflichtung mehr, sich an dieser Auseinandersetzung zu beteiligen. Die individuelle Pflicht zum *Dschihâd* obliegt vielmehr denen, so legten die Rechtsgelehrten fest, die sich einem Feind am nächsten gegenübersehen.

Auf die aktuelle Situation bezogen, waren also die bosnischen Muslime in den vergangenen zehn Jahren verpflichtet, sich in einem *Dschihâd* gegen Serben und Kroaten zu wehren. Je größer die Zahl der unabhängigen islamischen Emirate, Sultanate oder Fürstentümer wurde, um so schwieriger war die Frage zu beantworten, wer das Recht hatte festzustellen, dass die Notwendigkeit zum *Dschihâd* bestehe. Die Mehrheit der *Ulamâ'* sah dieses Recht bzw. diese Pflicht bei dem jeweiligen Herrscher. Daraus schlossen sie, dass der *Dschihâd* für den Herrscher, im Gegensatz zu den Untertanen, eine individuelle Pflicht wie das Gebet oder das Almosengeben sei. Die Ausrufung des *Dschihâd*, der Eroberungen zum Ziel hatte, durch den Herrscher war aber an eine Reihe von Voraussetzungen geknüpft, die ebenfalls ein hohes Maß an Realitätssinn anzeigen. Zu ihnen gehörte, dass militärische und strategische Bedingungen vorhanden sein mussten, die ein deutliches Indiz für einen erfolgreichen Ausgang der Auseinandersetzungen darstellten. War der Feind bereit, eine entsprechende Summe zu bezahlen, konnte vom *Dschihâd* abgesehen werden. Auch aus dieser Regel wird deutlich, dass es im *Dschihâd* des Mittelalters nicht in erster Linie um die „Ausbreitung des Islams" als Glaube, sondern um die Ausbreitung der Herrschaft der Muslime, also um politische, wirtschaftliche und gesellschaftliche Ziele ging, die mit religiösen Fragen im Grunde nur wenig zu tun hatten. Falls eines der Ziele des *Dschihâd* die Verbreitung des Islams sein sollte, war die Voraussetzung, dass die Gegner zunächst eingeladen worden waren, den Islam anzunehmen. Nach der mündlichen oder schriftlichen Aufforderung, den Islam als Glauben anzunehmen bzw. sich der muslimischen Herrschaft zu unterwerfen, forderte das islamische Recht eine gewisse Frist, in der sich die Gegner beraten, eine Antwort formulieren und sich schließlich ergeben konnten. Diese Frist ermöglichte es beiden Seiten auch, in Friedensverhandlungen einzutreten. Da sich relativ schnell herausgestellt hatte, dass diese Aufforderung zur Annahme des Islams praktisch schon einer ersten militärischen Aktion gleichkam und die entsprechenden Vorbereitungen der Gegner veranlasste, gingen spätere Theoretiker des *Dschihâd* davon aus, dass der Islam, seine Ziele und Aufgaben in der Welt so bekannt seien, dass man sie nicht mehr durch eine entsprechende Einladung bekannt zu machen brauchte.

Die Verpflichtung zum *Dschihâd* ist stets mit einer gewissen eschatologischen Tendenz verbunden. Erst dann ist der Muslim nicht mehr an diese Pflicht gebunden, wenn alle Menschen sich zum Islam bekennen oder die vorgeschriebenen Unterwerfungsgesten und -praktiken vollzogen haben. Erst dann kann auch das Ende der Welt eintreten. In Pamphleten und Flugschriften, die man heute in Ägypten oder Pakistan an Tankstellen oder bei fliegenden Buchhändlern kaufen kann, ist im Zusammenhang mit dem *Dschihâd* vielfach von apokalyptischen Vorstellungen die Rede. Die gegenwärtige Situation der Muslime wird darin so gesehen, als ob das Ende der Welt unmittelbar bevorstünde. Messianische Wehen werden allenthalben gespürt. Wie weit solche Texte und das davon geprägte Denken auf die Attentäter vom 11. September 2001 Einfluss gehabt haben, ist nicht bekannt. Auch konservative Muslime weisen jedoch darauf hin, dass die Bestimmung des Jüngsten Tages allein in der Hand Gottes liegt und dass der Mensch, durch welche Handlungen auch immer, das Heraufziehen des Endes der Welt nicht beschleunigen oder bestimmen kann.

Muslime teilten die Welt in die ‚*dâr al-islâm*' (Gebiet des Islams) und die ‚*dâr al-harb*' (Gebiet des Krieges) ein. Unter dem ‚Gebiet des Islams' versteht man die Regionen der Welt, in denen sich die Menschen zum Islam bekennen bzw. in denen die Muslime herrschen. Allerdings muss dies nicht die Mehrheit der jeweiligen Bevölkerung sein. Historisch war z. B. Ägypten bis ins 16. Jahrhundert hinein ein Land, in dem die Muslime eine Minderheit darstellten. Heute gehören Staaten wie Surinam oder Moçambique der ‚Konferenz islamischer Staaten' (einer Organisation islamischer Länder) an, von denen man nicht in allen Fällen sagen kann, dass sie über eine muslimische Mehrheitsbevölkerung verfügen. Die zweite und entscheidende Bedingung für die Zugehörigkeit zum ‚Gebiet des Islams' ist, dass das islamische Recht zur Anwendung kommt. Aus diesem Grund wurde Indien 1970 nicht Mitglied der ‚Konferenz islamischer Staaten', obwohl dort mit über 200 Millionen Muslimen eine größere Anzahl von Gläubigen lebt als in jedem anderen Staat, der Mitglied der ‚Konferenz' ist. Das Kriterium der Anwendung des islamischen Rechts wurde dahingehend konkretisiert, dass in der ‚*dâr al-islâm*' nur Muslime die Herrschaft ausüben könnten und nur muslimische Richter über Muslime zu Gericht sitzen dürften. Allerdings finden sich hier auch abweichende Gelehrtenmeinungen. Gehörte ein Territorium einmal zur ‚*dâr al-islâm*', war dieser Zustand nicht mehr rückgängig zu machen, auch wenn sich das Kriegsglück einmal gegen die Muslime wandte und sie das entsprechende Gebiet verloren. Danach gehören also Teile des Balkan oder der iberischen Halbinsel immer noch zum ‚Gebiet des Islams'. Diese Vorstellung ist bei manchen Muslimen auch heute durchaus vorhanden.

Als ‚Gebiet des Krieges' wurde dagegen der Teil der Welt angesehen, in dem Muslime ihren Glauben nicht bezeugen und ihre Rituale nicht praktizieren können. Besonders viele Gedanken machten sich die muslimischen Rechtsgelehrten über die Frage, wie die Beziehungen zwischen diesen beiden Gebieten geregelt sein sollten. Schon die Formulierung ‚Gebiet des Krieges' macht deutlich, dass die muslimische Haltung gegenüber der nicht-islamischen Welt aus der Sicht der Religionsgelehrten von besonderer Qualität war. Zwischen beiden Gebieten bestand aus ihrer Sicht ein permanenter Kriegszustand, da ja ein wahrer Frieden nur zwischen Muslimen bestehen kann. Dass daher umgekehrt zwischen Muslimen im Grunde auch kein Kriegszustand herrschen darf, war die logische, wenn auch unrealistische Folgerung aus diesen Vorstellungen. Aber auch die frühen *Ulamâ'* waren sich natürlich der Tatsache bewusst, dass auf die Dauer kein Gemeinwesen ununterbrochene militärische Auseinandersetzungen ertragen kann.

Man führte also im Verhältnis zur ‚*dâr al-harb*' die rechtliche Kategorie des Waffenstillstands (*sulh*) ein. Besonders in Zeiten der politischen, wirtschaftlichen oder militärischen Schwäche sollten Muslime mit ihren Feinden Waffenstillstand schließen. Diese Unterbrechungen des *Dschihâd* sollten von den Muslimen dazu genutzt werden, wieder Kraft zu schöpfen und sich auf den erneuten Kampf vorzubereiten. Zumindest in der Theorie sollten solche Kampfpausen aber nicht länger als zehn Jahre andauern. Die vielfältigen und umfänglichen Überlegungen der Rechtsgelehrten – über kaum ein juristisches Thema wurde so ausführlich debattiert worden wie über dieses – mündeten in etwas, das man als islamisches Völkerrecht beschreiben könnte. In diesem Kontext entstehen Überlegungen, wie man mit Diplomaten verfahren solle oder mit fremden Kaufleuten, an deren Kommen man aus wirtschaftlichen Gründen sehr interessiert war –

oder auch die Frage, ob es Muslimen erlaubt sein könnte, in einen Teil des Gebietes des Krieges aus politischen Notwendigkeiten oder wirtschaftlichen Beweggründen zu reisen. Solche Debatten werden auch heute von konservativen *Ulamâ'* geführt. Trotz allen juristischen Scharfsinns blieb diese Frühform des islamischen internationalen Rechts noch ein recht schwerfälliges Instrument, da die Einteilung der Welt in zwei antagonistische Gebiete zumindest seit dem Beginn der Neuzeit nicht mehr den tatsächlichen Bedingungen realpolitischen Handelns entsprach. So führten die osmanischen Sultane gegen die österreichisch-ungarische Doppelmonarchie Krieg, den sie als *Dschihâd* propagierten, hatten sich gleichzeitig aber mit dem König von Frankreich, dem ‚allerchristlichsten Herrscher', verbündet und nutzten dessen Häfen als Flottenstützpunkte. Da alle Kriegshandlungen des Sultans von den osmanischen Rechtsgelehrten gebilligt werden mussten, sahen sie sich in einem ständigen Erklärungsnotstand, den sie vergeblich zu ignorieren versuchten. Die Aufrechterhaltung von Beziehungen zu christlichen Staaten und das Eingehen von Koalitionen mit ihnen gegen andere christliche Staaten oder gar gegen andere islamische Gemeinwesen wurde für diese *Ulamâ'* zu einem schwierigen und nicht befriedigend gelösten Problem, dem sie sich allerdings trotzdem nicht entziehen konnten. Erst vor rund 50 Jahren entwickelte das im Übrigen ja außerordentlich flexible islamische Recht eine weitere Kategorie für die Einteilung der Welt, die ‚*dâr al-ahd*' (Gebiet des Übereinkommens). Dabei handelt es sich nach den Definitionen der *Ulamâ'* um ein Gebiet, in dem die Muslime ohne Behinderungen ihrem Glauben nachgehen können. Mit diesem Konzept ist auch das Problem der Arbeitsmigration, das ebenfalls in den Antagonismus zwischen ‚Gebiet des Krieges' und ‚Gebiet des Islams' hineinspielt, gelöst. Man kann dieses neue Konzept durchaus als eine Folge der Globalisierung interpretieren. Zumindest die Rechtsgelehrten, die mit dem ‚Gebiet des Übereinkommens' in ihren Überlegungen operieren, haben die alten Antagonismen zwischen dem Westen und der islamischen Welt aufgegeben. Die Konsequenzen für die rechtliche Bewertung des *Dschihâd* müssen von ihnen noch weiter ausformuliert und dann von einer Mehrheit der Vertreter des islamischen Rechts und der Politik auch anerkannt werden. Einige neue Tendenzen wurden seit den 50er Jahren des 20. Jahrhunderts deutlich. So sahen türkische Religionsgelehrte den Westen, vor allem die in der Nato verbündeten Staaten, als ‚Gebiet des Übereinkommens'. Das ‚Gebiet des Krieges' waren dagegen die Staaten mit kommunistischen Ideologien. Diesen gegenüber ging man in Saudi-Arabien teilweise sogar so weit, Handelsbeziehungen zu vermeiden. Mit dem Westen, der als christlich angesehen wurde, wollte man gemeinsam gegen den Atheismus zu Felde ziehen. Vor allem die Frage der Arbeitsmigration verlangte von den *Ulamâ'* klare Entscheidungen über das Verhältnis zu den westlichen Industrienationen. Sie taten sich damit recht schwer. Noch 1994 erklärte ein hoher muslimischer Würdenträger in Saudi-Arabien, dass Muslime keine Urlaubsreisen in das westliche Ausland unternehmen sollten. Auch von Sprachkursen in den entsprechenden Ländern riet er dringend ab. Andere Gelehrte gestatteten den Aufenthalt von Muslimen im ‚Gebiet des Übereinkommens' wenn sie dort ihren Lebensunterhalten verdienen könnten. Sie meinten aber auch, dass die Regierungen der islamischen Länder dafür sorgen sollten, dass Muslime nicht gezwungen wären, zu diesem Zweck die ‚*dâr al-Islâm*' zu verlassen.

Vor allem seit dem 19. Jahrhundert haben westliche Beobachter heftige Kritik am Konzept des *Dschihâd* geübt, vor allem an dessen aggressiveren Varianten. Muslimische Rechtsgelehrte haben auf diese in der Regel sehr defensiv geantwortet. Zunächst einmal begannen sie, zwischen einem großen *Dschihâd* und einem kleinen *Dschihâd* zu unterscheiden. Unter dem großen *Dschihâd* verstanden sie den täglichen persönlichen Kampf des einzelnen Muslims gegen seine inneren moralischen Schwächen. Diese Form von *Dschihâd* wurde nun allen Muslimen als Pflicht auferlegt. Diese Form der ‚Anstrengung aller Kräfte auf dem Wege Gottes' wurde in den unterschiedlichsten Zusammenhängen propagiert. Wenn Schüler oder Studenten sich in ihren Studienbemühungen besonders anstrengten, um für sich, für ihre Familie oder auch für die Gemeinschaft der Muslime besonders gute Ergebnisse zu erzielen, war das *Dschihâd*. Wenn Arbeitnehmer sich am Arbeitsplatz besonders engagierten, konnte das als *Dschihâd* verstanden werden. *Dschihâd* wurde zu einem Propagandabegriff, der weit über den religiösen Kontext hinausging und eine durchaus tagespolitische Konnotation bekam. So erklärten muslimische Politiker den Kampf gegen die Unterentwicklung ihrer Länder zum *Dschihâd*. In diesem übertragenen Sinn wird der Begriff heute in der Regel auch von der Mehrheit der Muslime verstanden. (Natürlich kennt jeder Muslim aber auch die primäre traditionelle Bedeutung des Begriffs und kann sie im Fall eines feindlichen Angriffs auch aktivieren.)

Neben diesem ‚großen' *Dschihâd* gibt es nach der aktuellen Mehrheitsmeinung der islamischen Juristen und Theologen auch noch den ‚kleinen' *Dschihâd*. Dabei handelt es sich tatsächlich um eine Anstrengung aller Kräfte im militärischen Sinn. Dieser *Dschihâd* kann aber nur zur Verteidigung des Islams oder einer Gruppen von Muslimen, die selbst nicht in der Lage sind, sich zu wehren, ausgerufen werden. Wie später noch gezeigt wird, sind militante Muslime der Meinung, dass die islamische Welt wirtschaftlich, politisch und kulturell vom Westen angegriffen wird. Gegen diese Angriffe muss man sich nach ihrer Ansicht auch militärisch wehren.

Wie der *Dschihâd* geführt werden sollte, wenn er militärische Formen annahm, darüber haben sich muslimische Gelehrte aller Zeiten vielfältige Gedanken gemacht. Dies war notwendig, weil der *Dschihâd* den Qualität eines ‚gerechten Krieges' haben musste; sein Zweck konnte daher nicht ohne weiteres etwa die Zerschlagung und Vernichtung der Feinde, die Annektierung von Gebieten, die Kontrolle über wirtschaftliche und andere Ressourcen oder die Gewinnung von strategischen Vorteilen sein. Es ging ja vielmehr um die Verbreitung rechtlicher und im Endeffekt religiöser Vorstellungen, anders ausgedrückt: um die Bemühung, Menschen den Weg zu Gott zu ebnen, ihnen den Gehorsam gegenüber ihrem Schöpfer zu ermöglichen und so die göttliche Herrschaft auf Erden zu realisieren. Dies konnte nach Ansicht der muslimischen Gelehrten nur durch die Sicherung der Vorrangstellung der Gemeinschaft der Muslime unter den Völkern der Welt erreicht werden. Wenn man die Feinde vernichtete, konnte man sie nicht mehr mit den Vorzügen des Islams bekannt machen und sie von seiner Richtigkeit und Heilsamkeit überzeugen. Daher waren der eigentlichen Kriegführung Grenzen gesetzt. Das ‚islamische Kriegsrecht' mag aus heutiger Sicht gewalttätig und brutal erscheinen. Man muss aber die Zeitumstände und die gesellschaftlichen und geistigen Bedingungen berücksichtigen, unter denen diese Regelungen entstanden sind. Die Regeln für Kriegshandlungen im abendländischen Mittelalter zeichnen sich aus heutiger Sicht ebenfalls durch Missachtung der menschlichen Würde aus, von der modernen westlichen Kriegführung und Waffentechnologie einmal ganz abgesehen. Auf die *Mujâhidîn*, die Kämpfer im Glaubenskampf, bezogen, stellten die Rechtsgelehrten auch Selbstverständliches fest, z. B. dass diese nicht desertieren durften. Sie sollten den Dienst auch nicht quittieren, wenn sie persönliche Verpflichtungen wie das Einbringen der Ernte oder den Abschluss eines lukrativen Geschäfts hatten. Vor allem aber wenden sich die *Ulamâ'* gegen jede Form der Resignation oder den Zweifel am letztendlich erfolgreichen Ausgang der militärischen Bemühungen, da die muslimischen Streiter ja für eine gute Sache kämpften. Dieses psychologische Moment spielt auch in der Gegenwart eine große Rolle. Die afghanischen Widerstandskämpfer gegen die Rote Armee waren von ihrem Sieg unbeirrbar überzeugt. Man kann auch davon ausgehen, dass muslimische Terroristen ebenfalls sicher sind, dass ihre Ideen am Ende den Sieg davontragen werden.

Im militärischen *Dschihâd* ist es Muslimen selbstverständlich gestattet, ihre Feinde zu töten. Die schon in vorislamischer Zeit gerühmte Ritterlichkeit im Kampf kommt aber auch hier zum Ausdruck, wenn das islamische Recht es verbietet, Feinde zu töten, deren man durch Verrat habhaft geworden ist. Im Übrigen weist der Koran ausdrücklich darauf hin, dass die muslimischen Krieger nicht ‚maßlos im Töten' (Sure XVII, 33) sein sollen. Dies gilt auch und vor allem für Personen, die nicht an den Kampfhandlungen beteiligt sind. Die Kampfhandlungen dürfen sich vor allem nicht gegen Frauen und Kinder oder gegen Wehrlose wie Blinde, Lahme oder Geisteskranke richten. Auch Menschen, deren Friedfertigkeit vorausgesetzt wurde, mussten verschont werden. Zu ihnen zählte man auch christliche Mönche und Einsiedler. Falls Letztere in den Kampf allerdings eingriffen, verloren sie ihre Immunität. Einige Gelehrte waren sogar der Meinung, dass Bauern und Kaufleute, die sich nicht an den Kriegshandlungen beteiligten, unbehelligt bleiben sollten. Während des Kampfes sind die muslimischen Krieger nach den Vorschriften des islamischen Rechts gehalten, keine unnötigen Grausamkeiten zu begehen. Dazu gehört z. B. die Verstümmelung von getöteten Feinden. Auch die unnötige Zerstörung oder Vernichtung von Besitz sollte unterbleiben. Mit der für das islamische Recht üblichen Präzision haben manche *Ulamâ'* sogar festgelegt, dass auch das Vieh oder die Bienenkörbe der Feinde nicht vernichtet werden dürften. Die gefallenen Feinde sollten nach den Regeln ihrer Religion bestattet werden; das bedeutete z. B., dass Christen entgegen der islamischen Praxis in einem Sarg bestattet werden durften.

Auch für die Behandlung der Kriegsgefangenen kennt das islamische Recht ausführliche Regelungen. Grundsätzlich gibt es fünf verschiedene Möglichkeiten: 1. Die Gefangenen werden sofort hingerichtet. Dies darf aber nicht ohne einen besonderen Grund (z. B. die Schwächung der Feinde) geschehen. Es muss ihnen die Gelegenheit gegeben werden, sich durch die Bekehrung zum Islam vor der Hinrichtung zu retten. 2. Die Gefangenen werden gegen ein Lösegeld freigegeben. (Dieses konnte auch aus der Kriegsbeute oder einem Teil davon bestehen.) Obwohl sich einige bedeutenden *Ulamâ'* gegen eine solche Regelung wandten, war sie in der Praxis durchaus üblich. Die christlichen Organisationen, die sich für den Loskauf der Gefangenen einsetzten, haben bis zum Beginn des 19. Jahrhunderts existiert, weit über die Zeit der eigentlichen militärischen Auseinandersetzungen zwischen christlichen Staaten und den muslimischen Reichen hinaus. 3. Auch der Austausch von christlichen gegen muslimische Gefangenen war durchaus üblich. Wie auf der christlichen Seite bemühte man sich um die Freilassung der Muslime mit besonderem Eifer. Man sprach geradezu von einer religiösen Verpflichtung. Verhandlungen über die Freilassung von Kriegsgefangenen waren ein selbstverständlicher Teil der Waffenstillstandsverhandlungen. 4. Man konnte die gefangenen Feinde auch ohne Gegenleistung freigeben, wenn sie sich verpflichteten, niemals wieder gegen die Muslime Krieg zu führen. 5. Es war auch durchaus (im Übrigen seit der Antike auch rechtlich geregelte) Praxis, die Gefangenen zu versklaven und z. B. als Haussklaven einzusetzen.

Staatsnahe muslimische Gelehrte in der Mehrheit der islamischen Staaten vermeiden es heute, sich allzu deutlich zum *Dschihâd* zu äußern. Auch in ihren Veröffentlichungen referieren sie lediglich die Stellungnahmen ihrer mittelalterlichen Vorgänger. In der Regel betonen sie den defensiven Charakter des Glaubenskampfes. Eine extreme Position nahm dabei der indische Gelehrte Sayyid Ahmed Khand (gest. 1898) ein, der meinte, dass die Muslime nicht mehr zum *Dschihâd* verpflichtet seien. Bei Veröffentlichungen zum islamischen Recht, in denen gar nichts zum *Dschihâd* gesagt wird, kann man oft davon ausgehen, dass die Autoren im Grunde eine militantere Form der *Dschihâd* propagieren würden, aus Furcht vor der staatlichen Zensur aber lieber schweigen.

Märtyrer

Auch die islamische Welt kennt die Vorstellung vom Blutzeugen, vom Märtyrer, der für seinen Glauben gestorben ist. Der aus dem Arabischen stammende Terminus ist *shahîd*, pl. *shuhadâ'*, in der wörtlichen Bedeutung ‚Zeuge'. Dass die Krieger im *Dschihâd* eine religiöse Pflicht erfüllen und damit dem Willen Gottes entsprechen, war und ist Konsens unter den islamischen Rechtsgelehrten. Die Glaubenszeugen, die auf dem Schlachtfeld gestorben sind, haben die Phantasie der Muslime immer besonders bewegt. Dieser Tod wird als der edelste überhaupt verstanden. Eindeutig ist es aber, dass der Koran an mehreren Stellen für diejenigen, die ‚auf dem Wege Gottes' (arabisch: *fî sabîl allah*) sterben, reiche Belohnungen im Jenseits verheißt. So werden ihm für seinen Opfertod alle seinen Sünden vergeben. Dies muss nicht zuletzt im Zusammenhang mit der Tatsache gesehen werden, dass in der Vorstellung vieler Muslime die Schrecken des Grabes eine besondere Rolle spielen. Nach islamischer Tradition wird der Verstorbene im Grab von den beiden Todesengeln Munkar und Nakîr aufgesucht. Diese befragen ihn über seine Religion, den Propheten, an den er geglaubt hat und nach dem heiligen Buch, auf dessen Vorschriften er sein Leben aufgebaut hat. Das Erscheinen der beiden Engel ist mit einem solchen Schrecken verbunden, dass auch fromme, gottesfürchtige Muslime kaum in der Lage sein sollen, bei diesem Verhör die richtigen Antworten zu geben. Für mangelnde Pflichterfüllung oder Verstöße gegen die Gebote Gottes sollen die Verstorbenen nach der Tradition im Grabe bis zum jüngsten Tag die entsetzlichsten Qualen erleiden. Dieses Schicksal müssen die Märtyrer nicht erleiden, da ihnen durch ihren Tod alle Sünden verziehen sind. Der Blutzeuge wird mit einer Krone der Glorie gekrönt und mit 72 Paradiesjungfrauen verheiratet. Darüber kann er sich bei Gott für 70 seiner Verwandten einsetzen. Wenn die Märtyrer die wunderbaren Dinge erblicken, die sie im Paradies erwarten, sollen sie nach der muslimischen Tradition wünschen, wieder auf die Erde zurückzukehren, um erneut für ihren Glauben zu sterben. Dies sei dann aber der einzige Wunsch, der ihnen nicht erfüllt werde. Andererseits gibt es auch die Vorstellung, dass die Märtyrer am Ende der Zeiten an der Seite des *Mahdi*, der islamischen Erlösergestalt (auf die noch ausführlicher einzugehen sein wird), gegen den *Dajjâl*, dessen großen Widersacher, kämpfen werden, so wie sie zu Lebzeiten im unmittelbaren oder übertragenen Sinne an der Seite des Propheten Muhammad für den Islam zu Felde gezogen sind.

Im Willen, sich für den Islam zu opfern, überwindet der Märtyrer nach der Ansicht der Gelehrten die natürliche Furcht des Menschen vor dem eigenen Tod. Unter den Hinterbliebenen ist oft auch kaum eine Spur von Trauer über den Verlust eines Verwandten festzustellen. Schon mittelalterliche islamische Quellen berichten darüber, dass die Mütter von Söhnen, die im *Dschihâd* gefallen waren, die Todesnachricht gefasst, ja dankbar entgegennahmen und alle Trauerkundgebungen verboten. Ähnliche Berichte stammen auch aus der jüngsten Vergangenheit. So ist ein ähnliches Verhalten der Eltern von iranischen Soldaten des iranisch-irakischen Krieges (1980–1988) bekannt. Dabei kommt es bei diesen Berichten weniger darauf an, dass diese die wahren Gefühle der Mütter wirklich wiedergeben. Denn der Märtyrertod übersteigt das persönliche Schicksal und das der eigenen Familie. In den Augen einer Vielzahl von Muslimen bedeutet dieser Tod eine Reinigung und Segnung für die gesamte muslimische Gemeinschaft. Nach den Berichten z. B. aus dem Iran oder aus Palästina wissen wir, dass die Familien dieser Märtyrer nicht nur von Nachbarn und Freunden, sondern auch von islamistischen Organisationen unterstützt werden.

Über die Existenz der Märtyrer nach dem Tod finden sich unter Muslimen zwei unterschiedliche Vorstellungen. Die Feststellung des Koran, dass die Märtyrer leben, wird einerseits wörtlich genommen; andererseits glauben Muslime, dass die Seelen der Märtyrer direkt ins Paradies gelangen und in der unmittelbaren Nähe des Thrones Gottes leben. Am Tag der Auferstehung werden diese Seelen dann wieder in die irdischen Körper der Märtyrer zurückkehren. Beim Jüngsten Gericht werden ihnen dann spezielle Wohnplätze zugewiesen. Diese sehr lebhaften und sinnenhaft-anschaulichen Vorstellungen haben stets die Phantasie von einfachen Muslimen und die Kritik von Nicht-Muslimen hervorgerufen.

Doch auch die islamischen Rechtsgelehrten haben sich ihre Gedanken im Zusammenhang mit dem Umgang mit den muslimischen Märtyrern gemacht. Dies gilt vor allem für die Bestattungsriten. So sind die *Ulamâ'* in ihrer Mehrheit der Ansicht, dass bei Märtyrern im Unterschied zu gewöhnlichen muslimischen Verstorbenen keine Totenwaschungen vollzogen werden müssen. Denn das Martyrium wäscht nicht nur die Sünden, sondern auch die rituelle Unreinheit ab. Der Märtyrer muss auch nicht in Totentüchern bestattet werden, vielmehr kann er in seinen blutgetränkten Kleidern der Erde übergeben werden. Sie dienen gewissermaßen als Beweis für sein Martyrium. Dagegen sollen ihm seine Waffen nicht mit ins Grab gelegt werden, weil dies eine vorislamische, heidnische Sitte der alten Araber gewesen sein soll. Streit unter den *Ulamâ'* herrscht in Bezug auf die Frage, ob man an den Gräbern der Märtyrer beten solle oder nicht; denn dies könnte ja als Misstrauen hinsichtlich der Versprechen Gottes gegenüber den Märtyrern verstanden werden. Für sie muss nicht mehr gebetet werden, da sie zu den Paradiesbewohnern gehören.

Im islamischen Recht wurde eine zweite Kategorie von Märtyrern entwickelt, die man als ‚Märtyrer des Jenseits' bezeichnet im Unterschied zu den ‚Märtyrern des Schlachtfeldes'. Dabei wird letzteren ein höherer Rang zugesprochen. Wir haben es hier mit juristisch-kasuistischen Diskussionen zu tun, die aber – angesichts der Bedeutung des Martyriums für Muslime – dennoch von besonderer Bedeutung sind. Das Entstehen dieser und anderer Kategorien von Märtyrern muss wohl darauf zurückgeführt werden, dass die Hinterbliebenen von Menschen, die unter anderen Umständen gestorben waren, eine Versicherung suchten, dass diese die ‚Schrecken des Grabes' nicht erlebten und bei Gott als Fürsprecher auftreten könnten. Dies hat zu einer geradezu inflationären Vermehrung von Märtyrern im Islam geführt. Hier einige Beispiele: Kann man aus Sicht der *Ulamâ'* z. B. jemanden als Märtyrer ansehen, der in der Schlacht durch einen unglücklichen Zufall zu Tode kommt, der z. B. durch den Pfeil des eigenen Mannes getroffen wird? Die Frage ist in der gegenwärtigen Situation von Bedeutung z. B. bei Personen, die bei der Vorbereitung eines Selbstmordattenats unabsichtlich sterben. Sie werden von den meisten islamischen Rechtsgelehrten als ‚Märtyrer des Schlachtfeldes' betrachtet. Wie verhält es sich mit den Soldaten, die bei Auseinandersetzungen mit islamischen Häretikern fallen? Das juristische Problem dabei liegt in der Tatsache, dass ja auch Häretiker unter Umständen weiterhin als Muslime zu betrachten sind. Zwar gibt es eine Minderheit von Gelehrten, die der Meinung sind, dass Häretiker oder Rebellen vom Islam abgefallen sind, weil sie sich gegen den mit dem Willen Gottes regierenden Herrscher stellen. Unter den *Ulamâ'* herrscht aber in der Regel eine beträchtliche Zurückhaltung, jemanden wirklich zu einem Apostaten zu erklären, den zu bekämpfen und zu töten als erlaubt angesehen wird. Muslime, die in Auseinandersetzungen mit solchen Häretikern fallen, werden von der Mehrheit der Gelehrten als Opfer von Ungerechtigkeit angesehen. Diese werden aber ebenfalls als ‚Märtyrer des Schlachtfeldes' betrachtet.

Schließlich entsteht die Frage, ob Menschen, die sich oder ihre Angehörigen gegen Räuber oder Wegelagerer verteidigen und dabei sterben, als Märtyrer zu betrachten sind. In diesen Fällen gehen die *Ulamâ'* eher davon aus, dass es sich um ‚Märtyrer des Jenseits' handelt. Mit dem Nachlassen der militärischen Expansion muslimischer Heere nahm die Zahl der ‚Märtyrer des Schlachtfeldes' ab, die der ‚Märtyrer des Jenseits' wuchs dagegen beträchtlich an. Auch hier unterscheiden die Rechtsgelehrten verschiedene Kategorien. An erster Stelle stehen diejenigen, die ermordet wurden, während sie Gott dienten. Ihnen folgen diejenigen, die um ihres

Glaubens willen getötet wurden. Zu ihnen gehören nicht nur Gestalten der eigentlichen islamischen Geschichte, sondern auch solche, die der alt- oder neutestamentlichen Tradition angehören, wie z. B. Johannes der Täufer. Die islamische Frühgeschichte kennt aber ebenfalls eine Vielzahl von Personen, die aufgrund ihrer Zugehörigkeit zum Islam einen gewaltsamen Tod fanden. Auch Personen, die aufgrund einer bestimmten Glaubensvorstellung getötet wurden, werden als ‚Märtyrer des Jenseits' angesehen. Eine weitere Personengruppe, die zu diesen Märtyrern gezählt werden, sind diejenigen, die, wie in einem Text aufgezählt wird, an Seuchen, an Rippenfellentzündung, an Durchfällen oder Koliken sterben, die ertrinken, in einem Feuer sterben, von einem zusammenbrechenden Haus erschlagen werden oder Frauen, die im Kindbett sterben. Im Laufe der Entwicklung wurden die hier zusammengestellten Todesarten noch um weitere ergänzt. Die Aufnahme dieser Personen in den Märtyrerstatus wird mit der Schmerzhaftigkeit oder dem besonderen Schrecken dieser Todesarten begründet. Zur Gruppe der ‚Märtyrer des Jenseits' gehören auch Personen, die aus unglücklicher Liebe sterben. Vor allem in der arabischen Dichtung gibt es viele Männer und Frauen, die aus Liebeskummer gestorben sind, ohne dass es sich um Selbsttötungen handelte. Diese unglücklich Liebenden werden zu den Märtyrern gezählt, wenn sie lieben, das Geheimnis ihrer Liebe nicht bekannt machen und keusch bleiben. Schon der Prophet Muhammad war der Meinung, dass es sich bei diesen Personen unter den genannten Bedingungen um Märtyrer handelte. Schließlich werden zu den ‚Märtyrern des Jenseits' diejenigen gezählt, die unter besonderen Umständen eines natürlichen Todes sterben. Zu solchen Umständen des Todes gehört, dass er während der Erfüllung einer Glaubenspflicht wie der Pilgerfahrt, dem Gebet oder beim Studium frommer Bücher eintritt. Auch Personen, die ein tugendsames Leben geführt haben, werden als Märtyrer betrachtet. Da schließlich die Verpflichtung des Muslims, unablässig gegen seine eigenen bösen Eigenschaften zu kämpfen, als der ‚große *Dschihâd*' aufgefasst wurde, ist es nur folgerichtig, dass alle Menschen, die sich diesem Kampf durch ihr gesamtes Leben unterzogen hatten, als Märtyrer betrachtet werden, obwohl sie eines natürlichen Todes gestorben sind. Nicht bei jeder Verwendung dieses Begriffs ist also an gewaltsame Zusammenhänge zu denken.

Angesichts der zu erwartenden Belohnung den Tod auf dem Schlachtfeld zu suchen, war eine Haltung, die für die Gemeinschaft der Muslime in ihrer Gesamtheit nicht unproblematisch war. Wenn sich alle Muslime in einen Märtyrertod stürzten, der die muslimische Gemeinschaft insgesamt schwächte, konnte dies nach der Einschätzung einiger Rechtsgelehrter nicht im Sinne Gottes und seiner Gemeinde sein. Daher gab es Meinungen, die glaubten, dass es den Muslimen nicht erlaubt sei, für einen Märtyrertod zu beten. Erlaubt waren dagegen Gebete um Geduld im Ertragen von Wunden, die man in der Schlacht erhalten hatte. Geradezu sophistische Überlegungen wurden angestellt hinsichtlich der Tatsache, dass der Tod eines Muslims auf dem Schlachtfeld ja durch die Hand eines Ungläubigen oder zumindest eines Sünders veranlasst würde. Die Frage, inwieweit dies der Wunsch oder Wille Gottes sein könne, hat die *Ulamâ'* immer wieder in heftige Debatten verstrickt, ohne dass sie zu einem allgemein akzeptierten Ergebnis gekommen wären. Hinsichtlich der Bedeutung des Todes ist man sich aber auch unter den heutigen Gelehrten einig. Nach muslimischer Auffassung sind es nicht die Eltern, dem einem Kind das Leben schenken, noch eine bestimmte Person oder ein Umstand, der den Menschen tötet. Vielmehr ist es Gott allein, der den Menschen ins Leben ruft und ihn auch wieder abberuft. Die Spanne, die der Mensch auf der Erde verbringt, ist eine Zeit, in der er geprüft wird, ob er Gottes Willen gehorsam ist oder gegen diesen rebelliert. Der Tod bedeutet auch nicht das Ende der menschlichen Existenz. Diese setzt sich in Ewigkeit fort, nach dem Jüngsten Gericht für die Seligen im Paradies und für die Verdammten in der Hölle.

Die muslimischen Selbstmordattentäter in Amerika und in Israel geben den islamischen Rechtsgelehrten einige Probleme auf. Zunächst ist der Selbstmord wie der Mord im Islam verboten. Einer der bekanntesten fundamentalistischen Gelehrten der arabischen Welt, Scheich Yusuf al-Qardawi, sagt dazu: „Die islamischen Lehren verlangen vom Muslim, dass er gegenüber Schwierigkeiten entschlossen auftritt. Er darf nicht aufgeben und vor den Schicksalsschlägen des Lebens entfliehen, wenn ihn ein Unglück trifft oder seine Hoffnungen zugrunde gehen. Der Gläubige ist zum ständigen Bemühen geschaffen, nicht dazu, herumzusitzen, zum Kampf, nicht zur Flucht. Sein Glaube und sein Charakter lassen es nicht zu, dass er dem Kampf des Lebens entflieht, und er besitzt eine Waffe, die nie versagt. Die Waffe ist sein unerschütterlicher Glaube, und die Munition ist seine moralische Standkraft" (Übersetzung Ahmed von Denffer). Selbstmord aus Verzweiflung oder Lebensüberdruss ist also verboten. Im Zusammenhang mit den Attentätern auf das ‚World Trade Center' von 1993 wurden aber Meinungen von einzelnen muslimischen Gelehrten bekannt, die feststellten, dass die Attentäter, die bei derartigen Attacken zu Tode kämen, als Märtyrer zu betrachten seien, weil sie – nach dieser sicher unüblichen Argumentation – davon ausgehen, dass sich Regierungen in der islamischen Welt zu Verbesserungen der sozialen Lage weiter Bevölkerungsschichten bewegen lassen, um soziale Ursachen, die zu solchen Aktivitäten führen, auszuschalten. Zu denen, die mit einer solchen Argumentation die Selbstmordattentate legitimierten, gehörte auch der eben mit einer andere Position zitierte Scheich Yusuf al-Qardawi.

Der Sonderfall des schiitischen Martyriums

Trotz der beträchtlichen Aufmerksamkeit, die der schiitische Islam durch die Medien erhält, macht er doch im Weltislam nur eine Minderheit von weniger als 20 Prozent aus. Sunnitische und schiitische Muslime erkennen sich gegenseitig als

Anhänger der Religion des Propheten Muhammad an. Dennoch unterscheidet sich der schiitische Islam in einigen wesentlichen Punkten von den Vorstellungen und Praktiken des sunnitischen Mehrheitsislams. Dies gilt zunächst einmal für die Bedeutung des Martyriums. Während der Märtyrer im sunnitischen Islam dem Tod vor allem für sein eigenes Seelenheil findet und dann die Gnade Gottes für seine Verwandtschaft suchen kann, ist das schiitische Konzept des Martyriums sehr viel weiter gefasst.

Dies hat zunächst historisch-politische Ursachen. Als der Prophet Muhammad im Jahre 632 starb, erlebte seine Gemeinde dies als ein schockierendes, in keiner Weise erwartetes Ereignis. Für seine Nachfolge waren keinerlei Regelungen getroffen worden. Nach kurzer Zeit entstanden deshalb Auseinandersetzungen darum. Dabei ging die Mehrheit der Streitenden davon aus, dass eine Nachfolge des Propheten im religiösen Sinne nicht möglich sei, da mit dem Tod des Propheten die Offenbarung Gottes an die Menschheit abgeschlossen sei. Es ging zwar auch um die religiöse Anleitung der muslimischen Gemeinde, vor allem aber um die Bewahrung des politischen Zusammenhalts. In den Konflikten um die Führung der Gläubigen standen sich zwei Kontrahenten gegenüber: auf der einen Seite Abu Bakr, einer der ältesten Genossen des Propheten und einer seiner frühesten Anhänger, auf der anderer Seite Ali, ein Vetter Muhammads, der zudem mit dessen Tochter Fatima verheiratet war. Das Paar hatte zwei vom Propheten heiß geliebte Enkel, Hassan und Hussain. Der Teil der Muslime, die Abu Bakr unterstützen, forderte, dass der beste und geeignetste unter den Gläubigen die Rolle des Kalifen, des Vertreters des Propheten auf Erden, übernehmen müsse. Die Partei (arabisch: *schia*) Alis war dagegen der Ansicht, dass nur ein Verwandter der Propheten als dessen Stellvertreter in Frage komme. Ali musste noch die Herrschaft zweier weiterer Kalifen (Omar und Othman) abwarten, ehe er im Jahre 656 das Kalifenamt erlangte. Seine Herrschaft war aber auch jetzt aus einer Vielzahl von Gründen nicht unumstritten. Bis zu seiner Ermordung hatte er sich ständig mit den verschiedensten Gegnern auseinanderzusetzen. Mit ihm endet die Reihe der so genannten ‚rechtgeleiteten' Kalifen, die von der Dynastie der Omayyaden von Damaskus abgelöst werden.

Die Geschichte der islamischen Religion nimmt bald darauf eine tragische Wende. Die Herrschaft der Omayyadendynastie war umstritten. In verschiedenen Teilen des inzwischen weit ausgebreiteten Reiches kam es zu Aufständen, so auch in der im Süden des heutigen Irak gelegenen Stadt Kufa. Die Aufständischen riefen den Sohn Alis, den Prophetenenkel Hussain, gegen die omayyadischen Truppen zur Hilfe. Hussain folgte diesem Ruf. Von Medina aus reiste er mit einer kleinen Begleitung nach Mesopotamien. In der Nähe von Kerbela wurde die Reisegesellschaft im Jahre 680 von omayyadischen Truppen überrascht und in einem kurzen Gefecht aufgerieben. Hussain und alle seine männlichen Begleiter fanden dabei den Tod. Dieses militärisch kaum erwähnenswerte Ereignis wurden von den Anhängern Alis und Hussains, den Schiiten, zu einer der bedeutendsten Schlachten der Weltgeschichte stilisiert. Der Tod des Prophetenenkels ist für Sunniten ein Anlass zur Trauer. Sie begehen den Todestag teilweise mit Fasten und Beten. Für die Schiiten ist der Tod Hussains jedoch der Ausgangspunkt zahlreicher Legenden und für die Entwicklung einer Theologie, in der das Motiv des Martyriums einen entscheidenden Platz einnimmt und in der eine Erlösergestalt eine Rolle spielt, die für die islamische Welt einmalig ist. Die Verehrung des Märtyrers Hussain hat verschiedene wirkungsmächtige Formen angenommen. Seine Bedeutung wird durch eine mächtigen Grabmoschee in Kerbela verkörpert, die für Schiiten in aller Welt eine der wichtigsten Wallfahrtsstätten darstellt. Unter Schiiten herrscht die feste Überzeugung, dass alle Menschen, die in der Nähe des Grabes von Hussain ihre letzte Ruhestatt finden, am Jüngsten Tag zu den Seligen gehören werden, die ins Paradies gelangen. (Dass sich viele Schiiten bemühen, in Kerbela bestattet zu werden, ist also nur verständlich.) Der Todestag Hussains am 10. Muharram ist für alle Schiiten ein Tag der intensiven Trauer. Jahr für Jahr geloben an diesem

Tag junge Männer, die durch Wohnquartiere und Städte ziehen und sich dabei geißeln, Hussain als ihrem Vorbild zu folgen und wie er das Martyrium auf sich zu nehmen. Viele Tausend von ihnen setzten während des iranisch-irakischen Krieges (1980–1988) dieses Gelöbnis in die Tat um. In Märtyrertestamenten wird der Tod als „geringstes Geschenk" bezeichnet. Ihnen hatte der Revolutionsführer Ayatollah Khomeini zugerufen: „Ihr seid siegreich, weil Gott mit euch ist; ihr seid siegreich, weil ihr den Glauben besitzt; ihr seid siegreich, weil der Islam eure Stütze ist; ihr seid siegreich, weil ihr das Martyrium umfangt, und jene, die sich vor dem Martyrium und Sterben fürchten, sie sind besiegt" (Übersetzung Werner Schmucker). In diesem Zusammenhang ist eine Blutmystik entstanden, die in dem Märtyrerbrunnen von Teheran, in dem Tag und Nacht eine Blut symbolisierende Flüssigkeit fließt, einen modernen Höhepunkt erreicht hat. In Passionsspielen und szenischen Darstellungen wird an diesem Tag an den Opfertod Hussains erinnert – eine der wenigen Formen von Theater, die in den islamischen Literaturen öffentliche Bedeutung erlangt haben. Neben diesen für die Identität der schiitischen Minderheit bedeutenden Ritualen spielt ein theologisches Moment im Zusammenhang mit dem Gedenken des Martyriums von Kerbela eine besondere Rolle. Nach den schiitischen Traditionen, die in den Passionsspielen immer wieder lebendig werden, wusste Hussain um sein Schicksal. Hussain entschloss sich dennoch, ohne zu zögern, für den Märtyrertod. Dabei ist die ihm zugeschriebene Motivation von besonderer theologischer Bedeutung: Hussain soll in seinem Martyrium die Möglichkeit gesehen haben, für die Sünden der Menschheit zu sühnen. Man spricht ihm also eine Erlöserfunktion zu, wie sie der Islam sonst nicht kennt. Nach schiitischer Vorstellung verfügten der Prophet Muhammad, Ali und seine Söhne sowie deren Nachkommen über die nur ihnen zukommende Fähigkeit, die innere Bedeutung des Korans zu verstehen, während die übrigen Menschen nur dessen äußere Bedeutung verstünden. Dies führte dazu, dass die als ‚*Imame*' bezeichneten Nachkommen des Propheten für die Schiiten zu wichtigen Führern ‚auf dem rechten Weg' wurden. In der *Schia* wurde das Dogma von der Einheit Gottes und der Prophetenschaft Muhammads erweitert um die Notwendigkeit der Führung der Menschen durch die *Imame*. Da nach schiitischer Vorstellung alle *Imame* und viele andere wichtige Personen der schiitischen Religionsgeschichte den Märtyrertod starben, entwickelte sich im schiitischen Leben eine Vorstellung vom Martyrium, die das Bewusstsein bis auf den heutigen Tag tief prägt.

Hier ist auch Gelegenheit, auf einen weiteren Unterschied des schiitischen Islams gegenüber dem sunnitischen hinzuweisen. In einem komplizierten, hier nicht darzustellenden Vorgang ging die Autorität der *Imame* auf die schiitischen Rechtsgelehrten über. Wenn also heute ein schiitischer Muslim in einer religiösen oder moralischen Frage hinsichtlich seines Verhaltens unsicher ist, kann er sich wie ein Sunnit an einen Rechtsgelehrten wenden, der ein Rechtsgutachten erstellt. Im Gegensatz zu dem, was im sunnitischen Bereich gilt, muss ein schiitischer Muslim dem *Fatwa* des von ihm befragten Rechtsgelehrten folgen, auch wenn ihm dessen Antwort nicht zusagt. Darüber hinaus ist er verpflichtet, allen weiteren Rechtsgutachten dieses Gelehrten – freilich nur bis zu dessen Ableben – zu folgen, auch wenn sie Themen berühren, die ihm ursprünglich gleichgültig waren. Da auch die Gelehrten in einem entsprechenden Abhängigkeitsverhältnis zu ihren Lehrer stehen und diese wieder zu ihren Lehrern, ergibt sich eine hierarchische Struktur, an deren Spitze eine oberste Autorität steht, die als ‚*Marja' al-Taqlîd*' (Quelle der Rechtleitung) bezeichnet wird. Auf diese Weise hat sich im schiitischen Islam und nur in ihm etwas entwickelt, was man als Klerus bezeichnen könnte. Diese Strukturen haben zu der unumschränkten Autorität des Ayatollah Khomeini in der Islamischen Republik Iran geführt. In der Konsequenz konnte Khomeini daher den Märtyrergedanken gegenüber den Soldaten im ersten Goldkrieg propagieren, das Martyrium aber auch von den schiitischen Oppositionellen im Irak verlangen.

Der Islam und die Tötung von Menschen

Grundsätzlich verbietet der Islam, wie bereits erwähnt, mit klaren Worten die Tötung von Menschen durch Menschen. Dieses Verbot gilt in Bezug auf Muslime und Nicht-Muslime in gleicher Weise. In dieses Verbot einbezogen sind auch Selbstmord, Euthanasie und Abtreibung. Eine solche Tat wird aus der Sicht aller Gelehrten aller Schulen als Eingriff in die Domäne Gottes angesehen. Gott allein gibt den Menschen das Leben, er allein hat daher auch das Recht, sie sterben zu lassen. Unter bestimmten Umständen hat Gott jedoch nach islamischer Auffassung den Menschen das Recht, andere zu töten, übertragen. Diese Bedingungen werden im Koran und den Prophetentraditionen genau festgelegt. Doch auch dann hat das Leben stets Priorität gegenüber dem Töten. Wer zur Tötung berechtigt ist, wird genau definiert. Das Recht liegt zunächst natürlich bei den staatlichen Autoritäten; daher wurde in der Vergangenheit dem Kalifen bei öffentlichen Auftritten stets das Richtschwert als Symbol seiner Gewalt über Leben und Tod vorangetragen. Der Kalif hatte auch die Funktion eines Richters. Auch dem *Qâdî*, den islamischen Richter, kam das Recht zu, Menschen zum Tode zu verurteilen und Hinrichtungen anzuordnen. Töten dürfen auch die Rechtsvertreter eines Ermordeten; allerdings ruft der Koran intensiv dazu auf, von der Rache Abstand zu nehmen und stattdessen eine Kompensation in Form eines ‚Blutgeldes' zu akzeptieren. Außerdem haben auch die Kämpfer im *Dschihâd* das Recht, ihre Feinde zu töten.

In den anderen Fällen hat die gerechtfertigte Tötung eines Menschen im islamischen Recht immer den Charakter einer Strafe für ein besonders schweres Verbrechen. Solche Verbrechen sind der Abfall vom Islam, Mord und Ehebruch. Dabei wird die Apostasie als die größte Sünde und das größte Verbrechen angesehen, das der Muslim begehen kann. Die Vergeltung für eine solche Tat ist zunächst einmal überirdischer Art; denn der Fluch Gottes, der Engel und aller Menschen wird über die Sünder kommen. Weitere Strafen sieht der Koran für sie zunächst nicht vor. Das islamische Recht leitet die Todesstrafe für Apostasie aus einem anderen Zusammenhang her. Den Heuchlern unter den Muslimen, die nur scheinbar den Islam angenommen haben und sich dann gegen ihre Glaubensbrüder wenden, wird der Tod angedroht, da sie eine Gefahr für die Gemeinschaft der Gläubigen darstellen. In einem Analogieschluss legten die islamischen Rechtsgelehrten diese Regelung auch für den Fall der Apostasie fest. Sie konnten sich dabei auch auf entsprechende Aussagen des Propheten Muhammad stützen. Im Laufe der Zeit sind jedoch dermaßen hohe und zahlreiche Hürden für den Nachweis des Abfalls vom Islam eingeführt worden, dass sich die meisten *Ulamâ'* nicht mehr zutrauen, eine entsprechende Feststellung zu treffen. Unter bestimmten politischen Umständen kommt es aber immer wieder bis heute vor, dass Rechtsgelehrte einen Dissidenten zum Apostaten erklären. Dies geschah in einem spektakulären Fall zum Beispiel Mitte der 90er Jahre in Ägypten mit dem prominenten Koranforscher und Literaturwissenschaftler Nasr Hamid Abu Zaid, dessen abweichende Meinung in der Frage einer historischen Interpretation des Koran und einer Trennung von Religion und Politik zu einem Fatwa und zur Zwangsscheidung führte. Ohne Zweifel bestand die Gefahr, dass ein Mordanschlag auf ihn verübt würde, so dass er ins Exil gehen musste.

Als rechtmäßige Tötung gilt nach islamischem Recht auch die Hinrichtung für vorsätzlichen Mord. Dabei kann der Vollzug der Exekution in die Hand der Rechtsvertreter des Opfers gelegt werden. Die Strafe ist jedoch nur an dem Täter oder der Täterin zu vollziehen, nicht etwa an einem anderen Mitglied der Familie oder des Stammes. Damit wird der in vorislamischer Zeit üblichen Praxis der Blutrache ein Regulativ vorgeschaltet. Die Verwandten des oder der Ermordeten dürfen auf die Tötung des Verbrechers verzichten und können sich stattdessen mit einer festgelegten Kompensation für den Verlust zufrieden geben. Der Koran äußert sich auch zur Form der Hinrichtung, die abhängig von der Schwere des Verbrechens ist. Dabei nimmt er speziell auf Gewalttäter Bezug, „die auf der Erde umherreisen, um Unruhe zu stiften". Wenn Räuber getötet haben, um ihre Tat durchzuführen oder zu verdecken, sollen sie gekreuzigt werden. Wenn sie nur geraubt haben, werden ihnen rechte Hand und linker Fuß abgeschlagen. Wenn sie Menschen terrorisiert haben, ohne zu rauben oder zu töten, werden sie des Landes verwiesen.

Auch bei Ehebruch wird vom Koran die Todesstrafe angedroht. Allerdings muss die Schuld der Täter mit absoluter Sicherheit festgestellt werden. Um den Tatbestand eindeutig festzustellen, bedarf es des Zeugnisses von vier verlässlichen Augenzeugen. Falls der Ehemann seine Frau des Ehebruchs beschuldigt, gilt dies nur als Nachweis, wenn die Frau oder eine andere Person der Beschuldigung nicht widerspricht. Schließlich ist das Geständnis der Täter selbst ein unwiderlegbarer Beweis für die Tat. Ob Frauen hingerichtet werden sollen, ist unter den Rechtsgelehrten umstritten. Manche nennen als Strafe auch die Einschließung, „bis der Tod sie abberuft oder Gott ihnen einen Ausweg verschafft". Das islamische Recht enthält im Übrigen eine Vielzahl von Regelungen für die Bestrafung illegitimer sexueller Beziehungen. So trifft unverheiratete Personen, die ‚Unzucht getrieben' haben, die Strafe von hundert Peitschenhieben. Homosexualität wird nach einigen Rechtsgelehrten wie Unzucht, nach anderen wie Ehebruch, also auch mit dem Tode bestraft.

Schließlich dürfen, wie oben schon ausgeführt, die Kämpfer im *Dschihâd* ihre Feinde töten.

Der „Alte vom Berg“: Die Geburt des Terrors als eines politischen Mittels

Eine nicht immer offen ausgesprochene Frage der jüngsten Zeit ist, ob es ein genuin islamisches Potential zur Bildung terroristischer islamischer Geheimgesellschaften gibt. In den Tagen des Attentats des Jahres 2001 lenkten zahlreiche Publizisten und Historiker den Blick zurück auf eine extremistische Sekte aus dem elften Jahrhundert, die im islamischen Raum durch systematische politische Morde Schrecken verbreitete und Einfluss gewann. Parallelen zwischen den Anhängern des Usama bin Laden und dieser Gruppierung aus der islamischen Geschichte drängten sich auf. Sie sind allerdings nur auf die terroristischen Methoden und Strukturen zu beziehen. Die von strengsten sunnitischen Vorstellungen geprägten Anhänger Bin Ladens oder die Sadat-Attentäter würden eine geistige Verwandtschaft mit einer schiitischen Geheimsekte weit von sich weisen.

Nun hat es gewalttätige Sektierer und zum Terror bereite politische Geheimbünde natürlich immer auch im Westen gegeben. Aber in der Tat: Kaum eine historische Persönlichkeit der Geschichte des Islams – in seiner politischen und religiösen Dimension – hat die abendländische Welt so fasziniert und in Schrecken versetzt wie der „Alte vom Berg“: Hasan-i Sabah, der einen Geheimorden gründete, dessen Hauptregion zunächst in Khorasan, an der Grenze zu Afghanistan lag. Über den „Alten vom Berg“ existieren Berichte aus den unterschiedlichsten Quellen. Er ist die Hauptfigur zahlreicher Romane und Filme. Wie keine andere historische Gestalt sprach er die europäischen Vorurteile gegenüber der islamischen Welt an. Die in seiner Person zusammenfließende Mischung von Heimtücke, Gewalttätigkeit und Sinnlichkeit war es wohl, die dem Publikum Schauer über den

Rücken laufen ließ. Die Faszination, die der „Alte vom Berge" auslöste, ist nicht zuletzt sprachlich belegt: Das Wort für ‚politischen Mord' im Englischen (‚assassination') oder für ‚politischer Mörder' im Französischen (‚assassin') ist auf die Bezeichnung der Anhänger dieses Mannes, die Assassinen, zurückzuführen, die Mord als politische Waffe benutzten. Der Blick auf ein hierzulande kaum bekanntes Kapitel der Geschichte mag – ohne dass unhistorische Übertragungen erlaubt sind – auch Typologien deutlich werden lassen, die das Dunkel um Psychologie, Organisation und Methoden zeitgenössischer extremistischer Täter aus dem islamischen Kontext beleuchten.

Im folgenden sollen vor allem die Quellen (abendländische wie orientalische) zu Wort kommen: Das mag die Schwierigkeiten verdeutlichen, in die man auch heute noch gerät, wenn man verstehen will, wie geheime Organisationen entstehen und wie sie von außen gesehen werden. Als der französische König Philipp VI. im Jahre 1332 Überlegungen zu einem neuen Kreuzzug anstellte, erhielt er ein Schreiben des deutschen Klerikers Brocardus, in dem er vor den Gefahren des Orients gewarnt wurde. Dort heißt es: „Unter diesen Gefahren erwähne ich besonders die Assassinen, die verflucht und gemieden seien. Sie verkaufen sich, dürsten nach Menschenblut, töten Unschuldige gegen Bezahlung, scheren sich weder um das Leben noch die Erlösung. Wie der Teufel verwandeln sie sich in Engel des Lichts, indem sie Gebärde, Kleidung, Sprache, Sitte und Benehmen vieler Nationen und Völker nachahmen; als solche Wölfe im Schafspelz nehmen sie den Tod auf sich, sobald sie erkannt werden. Da ich sie nicht persönlich gesehen habe, sondern das Obige nur aus mündlichen Berichten oder speziellen Schriften kenne, kann ich nicht mehr darlegen und auch keine vollständigen Informationen liefern. Ich kann nicht sagen, wie man sie an ihren Bräuchen oder anderen Zeichen erkennt, weil diese mir ebenso unbekannt sind wie anderen, auch kann ich nicht dartun, wie man sie anhand ihres Namens dingfest macht, ist doch ihr Gewerbe so widerwärtig und von aller Welt verabscheut, dass sie ihre Eigennamen so gut verbergen, wie sie nur können. Ich weiß daher nur ein einziges Heilmittel für den Schutz und die Sicherung des Königs: Am Hof sollte selbst für kleine, kurzzeitige oder untergeordnete Dienstleistungen niemand zugelassen werden, dessen Heimatland, Wohnsitz, Familie, Stand und Person nicht zuverlässig, vollständig und eindeutig bekannt ist" (zitiert nach: Bernard Lewis: Die Assassinen. Frankfurt/M. 1989, S. 15).

Hier ist nicht von den Anhängern des Usama bin Laden die Rede, und es wird auch keine Rasterfahndung als Schutz gegen Attentäter empfohlen. Dennoch ähneln sich die Formulierungen heutiger Gefahrenanalysen und dieser mittelalterliche Text auf erstaunliche Weise. Wer sind diese ‚Assassinen'? Fast 200 Jahre vor Brocardus hatte ein anderer Bericht, den Kaiser Friedrich Barbarossa 1175 erhielt, schon genauere Kenntnis. In ihm lesen wir: „Beachte, dass in den Bergen um Damaskus, Antiochia und Aleppo ein gewisses Geschlecht von Sarazenen wohnt, die in ihrer eigenen Sprache ‚Heyssessini' im Romanischen aber ‚segnors de montana' (Herren der Berge) genannt werden. Diese Menschenbrut lebt ohne Gesetz, verzehrt Schweinefleisch wider das Gesetz der Sarazenen und verkehrt unterschiedslos mit allen Weibern, die eigenen Mütter und Schwestern eingeschlossen. Sie leben in den Bergen und sind nahezu unbezwinglich; denn sie können sich in wohlbefestigte Burgen zurückziehen. Ihr Land ist nicht sehr fruchtbar; daher leben sie von ihrem Vieh. Sie gehorchen einem Meister, der alle sarazenischen Fürsten nah und fern in größte Furcht versetzt, ebenso die benachbarten christlichen Landesherren. Denn er pflegt sie auf eine ungewöhnliche Art und Weise zu töten. Seine Methode ist die folgende: Dieser Herrscher besitzt in den Bergen zahlreiche prächtige Paläste, umgeben von sehr hohen Mauern, die man lediglich durch eine kleine, sehr gut bewachte Tür betreten kann. In diesen Palästen lässt er viele Söhne seiner Bauern von früher Kindheit an aufziehen. Er lässt sie mehrere Sprachen lernen – Latein, Griechisch, Romanisch, Sarazenisch und andere mehr. Diesen jungen Menschen wird durch ihre Lehrer von frühester Jugend bis zum reifen Mannesalter eingeschärft, dass sie dem Herrn ihres Landes in allem, was er sagt und befiehlt, gehorchen müssen; täten sie dies, so schenke er, der über alle lebendigen Götter gebietet, ihnen die Freude des Paradieses. Sie werden ebenso belehrt, dass sie der Erlösung verlustig gehen, wenn sie sich seinem Willen im Geringsten widersetzen. Beachte, dass sie von dem Zeitpunkt an, da sie eingeschlossen werden, nur ihre Lehrer und Erzieher sehen und nur deren Instruktionen erhalten, bis sie vor den Herrscher gerufen werden, um jemanden zu töten. Erscheinen sie vor dem Herrscher, so fragt dieser sie, ob sie willens seien, seine Befehle zu befolgen, um so des Paradieses teilhaftig werden. Daraufhin werfen sie sich, wie man sie instruiert hat, ihm bedenkenlos zu Füßen und wiederholen mit Inbrunst, dass sie ihm in allem gehorchen wollen, was er befehle. Auf dieses Gelöbnis hin überreicht der Herrscher jedem von ihnen einen goldenen Dolch und sendet sie aus, den Fürsten zu töten, den er für jeden von ihnen ausersehen hat" (zitiert nach Lewis: Assassinen, S. 17). Auch der berühmte Marco Polo weiß von dieser gefährlichen Gruppe 1270 zu berichten: „In der dortigen Sprache heißt der „Alte vom Berge" Aloadin. Zwischen zwei Bergen hatte er in einem Tal den größten und schönsten Garten der Welt anlegen lassen. Die besten Früchte wuchsen darin, während die Paläste mit goldenen Vogel- und Raubtiermotiven ausgemalt waren. In den Brunnen floss Wasser, Honig und Wein. Die schönsten Jungfrauen und Edelknaben sangen, musizierten und tanzten dort. Der „Alte vom Berg" ließ sie glauben, dies sei das Paradies. Mohammed hatte das Paradies ja so beschrieben, dass man darin Bäche von Honig, Milch und Wein fände und sich mit den schönsten Frauen vergnügen könnte. Deshalb versuchte er, das Paradies nachzubilden. Die Bewohner dieser Gegend glaubten wahrhaftig, dass dies das Paradies sei. Nur mit Erlaubnis des Besitzers gelangte man hinein, jedoch nur diejenigen, die er zu Mördern (aschischin) machen wollte. Den Zugang zum Garten versperrte ein festes, uneinnehmbares Schloss. An seinem Hof zog der Alte alle Jünglinge von zwölf Jahren zusammen, die kräftige Männer zu werden versprachen. Wenn er die Absicht hatte, ihnen den Garten zu zeigen, ließ er sie zu viert, zehnt oder zwanzig durch Opium einschläfern, was drei Tage vorhielt. Dann ließ er sie in den Garten bringen und zu bestimmter Zeit wecken. Wenn die Jünglinge wach wurden, fanden sie sich zwischen all jenen Dingen wieder, von denen ihnen erzählt worden war, und glaubten, im Paradies zu sein. Die Umgebung mit den für sie spielenden und singenden Mädchen und allem Überfluss war so angenehm für sie, dass wohl keiner den Ort freiwillig verlassen hätte. Der Alte mit seinem aufwändigen und mächtigen Hof lässt die Bewohner glauben, dass sich alles so abspielt, wie es beschrieben worden ist, und bedient sich dazu auch folgenden Mittels: Wenn der Alte einen der Jünglinge mit einem bestimmten Auftrag versehen will, lässt er ihn unter dem Einfluss eines Schlafmittels in seinen Palast bringen. Wenn die so Behandelten dort erwachen, wundern sie sich sehr und stellen traurig fest, dass sie nicht mehr im Paradies sind. Dann wenden sie sich sogleich in dem Glauben an den Alten, dass dieser ein großer Prophet sei, und knien nieder. Er fragt dann: ‚Woher kommt ihr?' ‚Aus dem Paradies' antworten sie und erzählen ihm alles, was sie erlebt haben, und wünschen, dorthin zurückzukehren. So kann er, wenn er einen Menschen ermorden lassen will, den stärksten Jüngling aus dem Garten holen lassen, der willig seine Befehle ausführt, um wieder in den Garten zurückkehren zu dürfen. Wenn sie den Befehl erfolgreich ausgeführt haben, kehren sie zu ihrem Herrn zurück; wenn sie gefasst werden, wollen sie sterben, weil sie so in das Paradies zu kommen glauben. Wenn der Alte ihnen ihren Mordauftrag gibt, nimmt er sie beiseite und sagt: ‚Geh hin und tu es, damit du ins Paradies zurückkehren kannst.' Und die Mörder gehen hin und führen alles bereitwillig aus. Deshalb bleibt in der Umgebung des Alten vom Berge niemand am Leben, wenn er es nicht will. Ja, ich sage euch, auch viele Könige sind ihm aus Angst vor seinen Meuchelmördern tributpflichtig" (Lewis: Assassinen, S. 22 f). In diesem Bericht von Marco Polo ist das Motiv der Betäubung der jungen Männer durch Drogen besonders deutlich, auch wenn er hier von Opium spricht und nicht von Haschisch. Der Name der ‚Assassinen' soll nämlich auf die Tatsache zurückgehen, dass sie mit Haschisch betäubt wurden, ehe sie in den Garten gebracht wurden. Grundbedeutung des Wortes ‚Haschaschin' von dem das europäische Wort ‚Assassin' abgeleitet wird, ist ‚Haschischkonsumenten' (arabisch: ‚haschaschin').

Diesen Berichten lag eine religionsgeschichtliche Entwicklung zugrunde, die die islamischen Quellen als ‚die große Heimsuchung' bezeichnen, die Spaltung der islamischen Gemeinschaft in Sunniten und Schiiten. Die schiitische Minderheit spaltete sich ihrerseits in verschiedene Untergruppen auf, von denen eine als Ismailiyya bezeichnet wird. Diese Gruppe, deren Ursprung im 9. Jahrhundert liegt, arbeitete vornehmlich im Verborgenen, vor allem um sich vor den Nachstellungen der sunnitischen Mehrheit und denen der Anhänger anderer schiitischer Führer zu schützen. Dabei war es ihnen auch erlaubt, ihren Glauben zu verleugnen, wenn sie in Gefahr gerieten, deshalb getötet zu werden.

Die dogmatischen Vorstellungen, die die Ismailiten entwickelten, gehören zu dem Überzeugendsten und Faszinierendsten, was frühe islamische Theologie formuliert hat. Es ist eine Kombination aus frommen islamischen Traditionen und dem Erbe der neuplatonischen Philosophie. Im Übrigen haben die Ismailiten, wie alle anderen schiitischen Konfessionen, die Tendenz, lebhafte und konkrete Heilserwartungen zu entwickeln. Auch sie gehen davon aus, dass der letze *Imam* sich in der Verborgenheit befindet, aus der er zum Ende der Tage wieder zurückkehren wird. Diese Heilandsgestalt, der *Mahdi*, wird dann erscheinen, wenn die Welt völlig im Argen liegt, wenn die Religionsgelehrten die Religion verfälschen, die Herrscher das Böse befehlen und das Gute verbieten und wenn die Guten Verfolgung leiden müssen für ihren Gehorsam gegenüber Gott. Der *Mahdi* wird nach einer siegreich bestandenen endzeitlichen Schlacht gegen den *Dajjâl* (seinen großen Widersacher, vergleichbar dem Anti-Christ in der christlichen Tradition) ein tausendjähriges Reich der Gerechtigkeit und des Friedens errichten, auf das dann das Jüngste Gericht folgen wird. Aus allem, was über die eschatologischen Vorstellungen der Ismailiten bekannt ist, steht die Heilserwartung eher im Vordergrund als die Apokalypse mit ihren Schrecken. Der Schrecken der eschatologischen Wehen wird als Vorläufer, ja als Voraussetzung der Ankunft des *Mahdi* gesehen.

Man kann die Ismailiten des 11. Jahrhunderts als eine Geheimgesellschaft bezeichnen, in die die Mitglieder durch Initiationsriten aufgenommen wurden und in der sie nach und nach zu immer höheren Rängen aufsteigen konnten. Eine der wichtigsten Regeln der Organisation war die der Geheimhaltung der Lehre, die so genau befolgt wurde, dass deren Inhalte auch heute noch nicht genau bekannt sind. Die sunnitischen Gegner der Ismailiten haben natürlich eine intensive Gegenpropaganda getrieben, wobei sie auf ein reiches Instrumentarium anti-schiitischer Polemik zurückgreifen konnten. Manches davon ging auch in die abendländischen Berichte ein.

Die Organisation beruhte darauf, dass ein Missionar (*Dâ'î*) jeweils für ein bestimmtes Gebiet oder eine ethnische Gruppe zuständig war. Dadurch entstand ein zunächst auf eine bestimmte Region bezogenes religiöses Autoritätsverhältnis, wie es die sunnitische Mehrheit nicht kannte. Das höhere Maß an Effektivität der Religionsvermittlung bei den Ismailiten und die Weise, wie sich die Lehre in Reaktion auf soziale, ökonomische oder politische Veränderungen weiterentwickelte, kann sicherlich auf diese Struktur zurückgeführt werden. So gelang es den Ismailiten, intelligente und aktive Mitglieder zu finden und eine schlagkräftige Organisation aufzubauen. Ihr Ziel war es, die bestehende Ordnung, die sie als ungerecht und illegitim betrachteten, umzustoßen und eine gerechte Gesellschaft unter legitimer Führung zu errichten. Offensichtlich waren das Geheimwissen und die geheimen Aktionen, die für die Ismailiten kennzeichnend waren, von besonderer Attraktivität für viele Anhänger. Die Forderung nach Gerechtigkeit bezog sich nicht nur auf die politische Ebene, also auf die Frage der gerechten Herrschaft in der islamischen Gemeinschaft, sondern auch (und in wachsendem Maße) auf die konkreten ökonomischen und sozialen Verhältnisse der islamischen Welt im 8. und 9. Jahrhundert. Die ‚Globalisierung' dieser Zeit hatte zu erheblichen Veränderungen geführt. Die wachsende Urbanisierung führte zu Spannungen zwischen Stadt und Land. Doch auch in den Städten entstand eine wachsende Schicht von Hilfsarbeitern und Tagelöhner, die durch eine immer weiter zunehmende Zahl von Landflüchtigen verstärkt wurde. Neben großem Reichtum gab es auch weit verbreitetes Elend. Die islamischen Metropolen waren umgeben von mittelalterlichen Slums. Aus dem streng legalistisch ausgerichteten sunnitischen Islam konnten die ‚Verdammten dieser Erde' des islamischen Mittelalters keine großen Hoffnungen schöpfen. In dieser Situation boten die Ismailiten eine neue Weltsicht, eine neue Ordnung unter einem im ismailitischen Sinne verstandenen Islam.

Die Lehren der Ismailiyya wurden intensiv verbreitet. Die Missionare hatten vor allem dort Erfolg, wo die sozialen Spannungen besonders groß waren, im südlichen Irak oder im arabischen Jemen. In Nordafrika, das auch und vor allem damals durch den Gegensatz von Arabern und Berbern gekennzeichnet war, gelang es ihnen, eine Dynastie zu gründen, die 969 ihren Sitz nach Ägypten verlegen konnte. Die ismailitischen Fatimiden von Ägypten stellten für das Kalifat der Abbasiden in Bagdad eine ernst zu nehmende Gefahr dar. Schlussendlich konnten die sunnitischen Kalifen von Bagdad sich der ismailitischen Angriffe erfolgreich erwehren. Dies lag nicht zuletzt an inneren Auseinandersetzungen der Ismailiten. Unter den Missionaren, die den ismailitischen Glauben verbreiteten, war der erwähnte Hasan-i Sabah, der „Alte vom Berge", von dem die abendländischen Quellen berichten. Es ist ein seltener Glücksfall, dass wir einen autobiographischen Text von einer solchen Persönlichkeit der islamischen Religions- und Geistesgeschichte haben. Man könnte sich vorstellen, dass die hier geschilderten Erfahrungen denen moderner islamischer Radikaler ähnlich sind. Hasan-i Sabah schreibt: „Schon als kleiner Junge, vom siebten Lebensjahr an, fühlte ich mich heftig zu allen Gebieten des Lernens hingezogen. Ich wollte ein Religionsgelehrter werden. Bis zum Alter von 17 Jahren suchte und forschte ich nach Wissen, blieb aber dem Zwölferglauben meiner Väter treu. In Rayy traf ich einen Gefährten namens Amira Zarrab, der von Zeit zu Zeit die Lehren der Kalifen von Kairo auslegte ... Meinen Glauben an den Islam hatte ich nie in Zweifel gezogen; ich war stets überzeugt gewesen, dass es einen lebendigen, ewigen, allmächtigen, allgegenwärtigen Gott, einen Propheten und einen *Imam* gebe, dazu erlaubte und verbotene Dinge, Himmel und Hölle, Gebote und Verbote. Für mich bestanden Religion und Lehre in dem, was die Menschen im Allgemeinen und die Schiiten im Besonderen bekannten, und ich war nie auf den Gedanken gekommen, die Wahrheit außerhalb des Islams zu suchen. Ich hielt die Lehren der Ismailiten für Philosophie und den Herrscher Ägyptens für einen Philosophaster. Amira Zarrab war ein Mann von gutem Charakter. Als er zum ersten Mal mit mir sprach, sagte er: ‚Die Ismailiten sagen dies und jenes.' Ich sagte: ‚O Freund, sprich ihre Worte nicht aus, denn sie sind die Ausgestoßenen; was sie sagen, ist gegen die Religion.' Es gab Debatten und Kontroversen zwischen uns, und er widerlegte und zerstörte meinen Glauben. Ich gab dies vor ihm nicht offen zu, aber in meinem Herzen hatten seine Worte eine starke Wirkung ... Amira sagte zu mir: ‚Wenn du in der Nacht in deinem Bett nachdenkst, weißt du, dass meine Worte dich überzeugen."' (Nach Lewis: Assassinen, S. 63 f). Dieses Dokument erscheint insofern bemerkenswert, als sich hier ein enges Lehrer-Schüler-Verhältnis zeigt, von dem man zumindest für einige der Attentäter von New York ebenfalls ausgehen kann. Die offensichtliche Kompetenz des Lehrers in Fragen der islamischen Theologie und des Rechts, die als Philosophie abgelehnt worden waren, führt zu einer Übernahme des gesamten Konzepts der Ismailiyya. Nach den hinterlassenen schriftlichen Zeugnisses des Attentäters al-Atta muss man davon ausgehen, dass auch er einen ‚Führungsoffizier' hatte, der ihm sowohl ideologisch wie psychologisch den notwendigen Halt bot.

Das Geburtsdatum Hasan-i Sabahs ist nicht bekannt; gestorben ist er 1124. In einer abenteuerlichen Reise gelangte er in den Nordiran, wo er schließlich die auf einem 1800 Meter hohen Felsgrat gelegene Festung Alamut in seinen Besitz bringen konnte. Diese Festung beherrschte ein von allen Seiten abgeschlossenes Tal von ca. 50 km Länge und 5 km Breite. Der Zugang zur Burg führte über einen schmalen, gefährlichen Pfad. Zuvor musste man noch eine enge Schlucht passieren. Hasan-i Sabah hat das Wohnhaus in seiner Festung nur noch zweimal in seinem Leben verlassen, und auch das nur, um auf das Dach zu steigen. Nach den langen Wanderjahren als Missionar genügte es ihm, Bücher zu lesen, Missionstraktate zu verfassen und sein kleines Reich zu verwalten und zu erweitern. Dabei stieß er auf den Widerstand mächtiger Gegner, die versuchten, ihn durch machtvolle militärische Schläge zu vernichten. Gegen seinen bedeutendsten Gegner, den Wesir Nizam al-Mulk, gelang ihm sein gewaltigster Erfolg, der eines Attentats. Ein Chronist des ‚Alten vom Berg' berichtet: „Unser Meister legte Schlingen und stellte Fallen auf, um ein so edles Wild wie Nizam al-Mulk im Netz des Todes und des Verderbens zu fangen. Durch diese Tat wurde sein Ruhm gewaltig vermehrt. Mit der Gaukelei der Täuschung und dem Kunstgriff der Lüge, mit arglistiger Verstellung und hinterhältiger Zurichtung bereitete er den Boden für die *Fida'i* (Opferbereite), um endlich zu fragen: ‚Wer von euch ist willens, dieses Land von dem Übeltäter Nizam al-Mulk zu befreien?' Ein Mann namens Bu Tahir Arrani legte die Hand aufs Herz, um seine Bereitschaft anzuzeigen. Und in der Nacht zu Freitag, dem 12. Ramadan des Jahres 485 (entspricht 16.10.1092), bei dem Ort Sahna im Bezirk Nihawand näherte er sich, dem Pfad des Irrtums folgend, um auf ihm zur Seligkeit der künftigen Welt zu gelangen, als Sufi (islamischer Mystiker) der Sänfte Nizam al-Mulks, der vom Audienzsaal zum Zelt seiner Frauen getragen wurde, und erstach ihn mit einem Messer. Noch während er zustieß, erlitt er das Martyrium. Nizam al-Mulk war das erste Opfer der Fida'is. Unser Meister (mag er nach seinen Verdiensten gerichtet werden) sagte: ‚Die Tötung dieses Teufels ist der Beginn der Seligkeit'" (Lewis: Assassinen, S. 74 f). Diesem spektakulären Attentat folgten zahlreiche andere, die Generäle, Politiker, aber auch Theologen trafen, die sich über die Lehren der Ismailiyya kritisch geäußert hatten. Die Gegner der Ismailiten waren in ihren Reaktionen nicht zimperlich. Ein entsprechendes *Fatwa* lautet: „Die Ismailiten zu töten ist rechtmäßiger als Regenwasser. Es ist die Pflicht von Sultanen und Königen, sie zu ergreifen und zu töten, um die Erdoberfläche von ihrem Schmutz zu reinigen. Es ist unrecht, mit ihnen Bündnisse oder Freundschaft zu schließen, von ihnen zubereitetes Fleisch zu essen oder sich mit ihnen ehelich zu verbinden. Das Blut eines Ketzers zu vergießen, ist verdienstvoller als die Tötung von 70 griechischen Ungläubigen."

Angesichts seiner Aktivitäten war es nicht überraschend, dass die Gegner von Hasan-i Sabah sich bemühten, seiner habhaft zu werden. Bei einem mittelalterlichen persischen Historiker heißt es: „Zu Beginn des Jahres 485 (1092) befahl Sultan Malikschah dem Emir Arslantasch, Hasan-i Sabah und seine Anhänger aus ihren Festungen zu vertreiben und zu vernichten. Der Emir erschien im Monat Jumada I (islamische Monatsbezeichnung) des besagten Jahres (Juni/Juli 1092) vor Alamut. Zu diesem Zeitpunkt verfügte Hasan-i Sabah nur über 60 bis 70 Männer und geringe Vorräte. Sie lebten von dem wenigen, was sie hatten, und hielten den Widerstand gegen die Belagerer aufrecht. Nun hatte einer von Hasans Da'is (Missionaren), ein Mann namens Dihdar Abu-Ali aus Zuvara und Ardistan, seinen Wohnort in Qazwin, wo er einige der Einwohner bekehrt hatte; zu ihm kamen viele Leute aus den Distrikten von Talaqan, Kuh-i Bara und Rayy, die an Hasans Propaganda glaubten. Dieser (Hasan-i Sabah) wandte sich um Hilfe an Abu-Ali, welcher eine Menge von Leuten aus Kuh-i Bara und Talaqan samt den erforderlichen Gerätschaften in Marsch setzte. Annähernd 300 Mann kamen Hasan-i Sabah zur Hilfe. Sie kämpften sich den Weg in die Festung frei und verstärkten die Besatzung. Eines Nachts am Ende des Monats Scha'ban (Sept. Okt. 1092) unternahmen sie, von außen unterstützt durch Leute aus Rudbar, einen Überraschungsangriff auf Arslantaschs Armee. Gottes Ratschluss war es, dass diese in die Flucht geschlagen wurde, Alamut verließ und zu Malikschah zurückkehrte" (Lewis: Assassinen, S. 73 f). Der Angriff der Gegner der Ismailiten auf die Festung Alamut war der Beginn einer ganzen Reihe von Attentaten, mit denen Letztere sich gegen ihre sunnitischen Gegner zur Wehr setzten. Natürlich sahen die Opfer und ihre Umgebung in ihnen gedungene Kriminelle. Die Ismailiten dagegen verehrten diese Attentäter als Helden, die den höchsten Beweis für ihre Glaubensstärke erbracht hatten und daher als Märtyrer das Paradies verdienten. In der Festung Alamut soll es sogar eine Ehrentafel gegeben haben, auf der die Attentäter, die im Verlauf ihrer Aktion getötet worden waren, verzeichnet wurden. Nachdem das Prinzip terroristischer Angriffe allgemein bekannt war, ging Hasan-i Sabah zu einer weniger blutigen, aber im Grunde noch erfolgreicheren Form der Terrorisierung seiner Gegner über: „Hasan-i Sabah schickte Gesandte zu Sandschar, um Frieden zu schließen, aber seine Bedingungen wurden nicht akzeptiert. Daraufhin setzte er alle denkbaren Listen ein, um die Höflinge des Sultans zu bestechen und so eine gewisse Sicherheit zu erlangen. Einen der Eunuchen kaufte er mit einer großen Summe Geldes und sandte ihm einen Dolch, der eines Nachts neben dem Bett des Sultans im Boden stak, während dieser in trunkenem Schlafe dalag. Als er erwachte und den Dolch sah, erfasste ihn panischer Schrecken; da er den Schuldigen aber nicht kannte, befahl er, die Sache geheim zu halten. Nun sandte Hasan ihm einen Boten mit der folgenden Botschaft: ‚Wäre ich dem Sultan nicht wohlgesinnt, so hätte jener Dolch statt im harten Boden in seiner weichen Brust gesteckt.' Der Sultan wurde von Furcht ergriffen und war nun geneigt, mit ihm Frieden zu schließen. Er enthielt sich während seiner weiteren Regierungszeit aller Angriffe auf die Ismailiten, und deren Sache gedieh. Er gestand ihnen aus dem Steueraufkommen in der Region von Qumisch eine Rente von 3000 Dinaren zu und erlaubte ihnen, von Reisenden, die Girdkuh passierten, einen kleinen Zoll zu erheben. Dieser Brauch hat sich bis heute erhalten. Ich habe mehrere Fermane Sandschars gesehen, die in ihrer Bibliothek aufbewahrt werden; sie sind voller Beschwichtigungen und Schmeicheleien. Von daher kann ich abschätzen, in welchem Maße der Sultan ihre Aktionen tolerierte und bestrebt war, in gutem Einvernehmen mit ihnen zu bleiben. Kurz gesagt: Während seiner Herrschaft konnten sie ungefährdet und ruhig leben" (Lewis: Assassinen, S. 89).

Die Frage, die sich die mittelalterlichen islamischen Sicherheitsbehörden also bereits stellen mussten, war, wie man der Gefahr der Unterwanderung durch ismailitischen Agenten begegnen und den Attentätern selbst entgehen konnte. Zu Beginn des 12. Jahrhunderts bemerkt eine ägyptische Quelle: „Al-Ma'mun (Wesir in Kairo) begab sich zum Gouverneur von Askalon, entließ ihn und ernannte einen anderen an seiner Statt. Er wies den neuen Gouverneur an, alle Inhaber von öffentlichen Ämtern in Askalon aufmarschieren zu lassen, sie in Augenschein zu nehmen und alle der örtlichen Bevölkerung Unbekannten zu entfernen. Weiterhin befahl er ihm, alle Kaufleute und andere Personen, die neu in der Stadt einträfen, peinlich genau zu überprüfen und sich nicht auf das zu verlassen, was sie als ihre Namen, Beinamen und Herkunftsländer angäben … sondern sie gegenseitig über einander auszufragen, sich mit jedem einzelnen gesondert zu beschäftigen und dabei die größte Sorgfalt walten zu lassen. Wer als ungewöhnlich auffalle, sei an der Stadtgrenze festzunehmen und zu verhören; die mitgeführten Waren seien zu untersuchen. Genauso sei mit den Kameltreibern zu verfahren, von denen nur solche eingelassen werden dürften, die als regelmäßige Besucher bekannt seien. Karawanen seien so lange aufzuhalten, bis der Gouverneur dem Diwan einen schriftlichen Rapport vorgelegt habe mit Angaben über die Zahl der Händler, ihre Namen, die Namen ihrer Diener und Kameltreiber sowie die mitgeführten Waren und diese Angaben in Bilbays (Ortsbezeichnung) und beim Eintreffen der Karawane am Stadttor überprüft worden seien. Dabei sollten die Händler höflich behandelt und keinesfalls verärgert werden. Danach befahl al-Ma'mun den Gouverneuren des alten und des neuen Kairo, Listen aller Einwohner anzulegen, nach Stadtvierteln und Straßen geordnet, und niemandem zu erlauben, ohne ausdrückliche Autorisierung seinen Wohnsitz zu wechseln. Als ihm diese Listen mit den Namen der Einwohner, ihren Beinamen und den Angaben über ihre Lebensumstände und Lebensunterhalt vorlagen, schickte er Frauen aus, die in jedem Haus Erkundigungen über Beziehungen der Bewohner zu Ismailiten einzogen. So blieb ihm am Ende nichts von den persönlichen Verhältnissen eines jeden Einwohners von Alt- und Neu-Kairo verborgen ... Eines Tages ließ er die Soldaten ausrücken; er befahl ihnen, sich über die Stadt zu verteilen und alle Personen festzunehmen, die er namentlich vorgemerkt hatte" (Lewis: Assassinen, S. 91 f). Mögen diese umfangreichen Fahndungsmaßnahmen in Kairo auch erfolgreich gewesen sein, die Position von Hasan-i Sabah und seinen Nachfolgern auf der Festung Alamut konnte dadurch nicht erschüttert werden. Erst den Mongolen gelang es 1256, die Festung zu zerstören. Die Erleichterung der Gegner der Ismailiten wird aus dem folgenden überschwänglichen Text sehr deutlich: „In jener Ketzer-Bruthöhle von Alamut in Rudbar, der Heimstatt der gottlosen Anhänger Hasan-i Sabahs ... ist kein Grundstein mehr auf dem anderen geblieben ... Und alle Bewohner der Erde, vor allem aber die Gläubigen, sind von den üblen Machenschaften und dem schmutzigen Irrglauben jener befreit worden. Wahrhaftig: Alle Glieder der Menschheit, ob hoch oder niedrig geboren, edel oder nichtswürdig, haben Anlass zur gemeinsamen Freude ... So ist nun die Welt von der

Schande, die sie beschmutzt hatte, endlich gereinigt. Wanderer können seitdem wieder ihrer Wege gehen, ohne sich zu fürchten, bedroht zu werden oder unbequeme Wegzölle zahlen zu müssen. Sie beten für das weitere Wohlergehen des glücklichen Königs, der jenes Übel mit Stumpf und Stiel ausrottete und keine Spur von ihm zurückließ. Wirklich, diese Tat war Balsam für die Wunden der Muslime und ein glückliches Heilmittel gegen die Krankheiten des Glaubens. Mögen die, die in späteren Zeiten leben, den Grad der Verletzung und der Verwirrung der Herzen erkennen, die jene bewirkten. Diejenigen, die in einigem Einvernehmen mit ihnen lebten, ob Könige früherer Zeiten oder gegenwärtige Herrscher, gingen in Furcht einher und zitterten um ihr Leben; diejenigen, die ihnen feind waren, fanden sich Tag und Nacht eingesperrt im Gefängnis des Grauens vor ihren schurkischen Günstlingen. Der Kelch war voll zum Überfließen. Es war ein Wind, der sich jetzt gelegt hat. Die ist eine Warnung für die Nachdenklichen. Möge Gott ebenso mit allen Tyrannen verfahren" (nach Lewis: Assassinen, S. 133 f).

Auch vor dem Islam und vor der Zeit der Assassinen gab es politische Morde und Selbstmordattentate. Die Historiographie des Altertums und des Mittelalters ist von derartigen Berichten voll. Die Diskussion um die Legitimität des Tyrannenmordes z. B. geht weit in die Geschichte der Philosophie und Ethik zurück. Die Assassinen aber sind wohl die ersten, die eine effektive und länger dauernde Organisation für ihr blutiges Handwerk schufen. Der beste Kenner der Geschichte der Assassinen, Bernard Lewis, stellt fest: „Für die Strategie des langfristigen Terrors waren zwei Voraussetzungen unabdingbar: Organisation und Ideologie. Benötigt wurde zum einen eine Organisation, um Angriffe vorzutragen und den unvermeidlichen Gegenschlägen zu widerstehen – zum anderen ein Glaubenssystem (unter den gegebenen zeitlichen und räumlichen Bedingungen notwendigerweise eine Religion), um die Angreifer zu inspirieren und bis zum Tode aushalten zu lassen." Gegner und Opfer der Assassinen war das sunnitische Establishment, Prinzen, Wesire, Generäle, auch Gelehrte und Richter. Einheimische Juden und Christen wurden nicht angegriffen. Entgegen dem Eindruck, den die zeitgenössischen abendländischen Berichte vermitteln, fielen ihren Attacken auch nur ganz selten Kreuzritter zum Opfer. Wir haben es, wie bei der Mehrzahl langfristiger terroristischer Aktivitäten, also mit ganz spezifischen Angriffszielen zu tun. Die Aktionen der Assassinen hatten stets zwei grundsätzliche strategische Ziele. Es ging ihnen in vielen Fällen um die Vertreibung von Angreifern, gegen die sich in der offenen Feldschlacht nie hätten erfolgreich behaupten können. Daneben suchten sie mit ihren Attacken auch für eine allgemeine und längerfristige Verunsicherung der herrschenden Eliten zu sorgen. Ihre Methoden können als durchaus erfolgreich eingeschätzt werden. Trotz bemerkenswerter interner Auseinandersetzungen, bei denen immer wieder auch Gift eine Rolle gespielt haben soll, behielten die Assassinen immer noch so viel scheinbare oder tatsächliche Macht, dass ihre Gegner sich außerstande sahen, sie endgültig und dauerhaft auszuschalten. Erst eine große überregionale Veränderung der Machtverhältnisse, der Einbruch der Mongolen, führte zum Ende dieser Organisation.

Es liegt nahe, Vergleiche zu ziehen zwischen den Assassinen und den Anhängern des Usama bin Laden. Bei genauerem Hinschauen finden sich eine Reihe von Gemeinsamkeiten zwischen den beiden historisch weit auseinander liegenden Gruppen. Afghanistan könnte man als eine riesige Feste Alamut betrachten. Das Land ist niemals in seiner Gesamtheit von fremden Truppen eingenommen worden. Eine umfasende Kontrolle erscheint heute auch mit den modernsten Aufklärungssystemen nicht vollständig möglich. Doch auch die Organisation und Techniken beider Gruppen weisen manche Gemeinsamkeiten auf. Die Mörder stehen in einem direkten physischen wie psychischen Abhängigkeitsverhältnis von ihrem Anführer, sind bei der Durchführung der Aktion aber auf sich gestellt. Sie arbeiten in kleinen Verbänden oder als Einzelpersonen. Ihr Ziel ist die Verbreitung von Schrecken zur Verbreitung eines politisch-ideologischen Ziels.

Dennoch haben wir es heute mit einer neuen Dimension von Terror zu tun. Die Angriffe richten sich nicht mehr gegen Einzelpersonen oder Gruppen, die aus konkreten Gründen als Gegner identifiziert sind, sondern kollektiv als Mitglieder einer verachteten und verteufelten Lebensform angegriffen werden. Die historischen Ursachen des Terrors der Assassinen sind im Grunde bis heute noch nicht endgültig aufgeklärt; der Kampf gegen das sunnitische Establishment sagt nicht sehr viel über die Motivlage der Mörder aus. Das ganze Bild werden wir nie malen können. Ob dies bei der Gruppe um Bin Laden anders sein wird, muss die Zukunft weisen.

Wie schon angedeutet, würden moderne islamische Terroristen mit sunnitischem Hintergrund jeden Bezug auf die ismailitische Tradition des ‚Alten vom Berge' aus religiösen Gründen ablehnen. Die moderne Ismailiyya unter der Führung des Agha Khan hat sich zu einer friedlichen islamischen Gruppierung mit einem hohen Modernisierungspotential und bedeutenden sozialen Aktivitäten entwickelt, die zur sunnitischen Mehrheit eine deutliche Distanz hält. Es ist nicht ausgeschlossen, dass einzelne muslimische Selbstmordattentäter, nicht zuletzt infolge der westlichen Faszination und aus westlichen Quellen, von Hasan-i Sabah und seinen Methoden gehört haben. Manche Muslime beeindruckt die Bereitschaft von Glaubensbrüdern, für ihre Überzeugung zu sterben, durchaus, auch wenn sie sich mit deren Haltung nicht solidarisieren würden. Man könnte diese Reaktion als eine Mischung aus Ehrfurcht und Schrecken beschreiben. Darüber hinaus werden im Blick auf die Geschichte des Hasan-i Sabah einige Aspekte des Islams deutlich, die das Entstehen von Sekten und damit auch von Geheimgesellschaften mit terroristischen Zielen erleichtern. Die geringe Ausprägung von hierarchischen Strukturen kann in der Tat zur Entwicklungen von Vorstellungen führen, die den eigentlichen Zielen der Religion zuwiderlaufen. Da jede zentrale Autorität fehlt, die solchen Bewegungen ihren islamischen

Charakter autoritativ absprechen könnte, sind Korrekturen und die Rückführung der Bewegungen in einen ‚islamischen mainstream' nicht möglich. Das traditionelle Konzept des *Dschihâd* bietet extremistischen Gruppen dann die ideologische Rechtfertigung für gewaltsame Aktionen gegen eingebildete oder tatsächliche Gegner. Auch die im islamischen *Dschihâd*-Konzept angelegten Vorstellungen von begrenzten Aktionen oder der Aussparung von ganzen Personengruppen wie Frauen und Kindern können von gemäßigten muslimischen Autoritäten nicht vermittelt werden, da die Führer der extremistischen Gruppen sich selbst für die wahren Träger des Islams halten.

Der Kampf gegen den Kolonialismus – Grundlegung der Gewalt

Wer das Thema Gewalt im Raum der islamischen Welt der Moderne anschneidet, kommt nicht um die Beantwortung der Frage herum, in welcher Weise sich historisch Antikolonialismus und religiös motivierter Kampf in diesem Raum verbunden haben. Es ist also aufschlussreich, an konkreten Fällen zu beschreiben, ob und wie Antikolonialismus, *Dschihad*, Nationalismus und Messianismus sich vermischten. Der exemplarische Blick in die Geschichte mag zur Erhellung solcher bis heute virulenter Zusammenhänge beitragen.

Nachdem die Kreuzfahrerheere aus dem Heiligen Land vertrieben worden waren, nahmen islamische Gelehrte die Entwicklungen im Abendland kaum mehr zur Kenntnis, wie sie auch schon vorher nicht auf das geachtet hatten, was an geistigen Vorstellungen und wissenschaftlichen Überzeugungen unter den Kreuzfahrern vorhanden war. Dieses Überlegenheitsgefühl der Gelehrten gegenüber den barbarischen Menschen aus dem Westen ist durchaus nachvollziehbar. Der technologische, wissenschaftliche und zivilisatorische Vorsprung des Orients gegenüber dem Okzident war für jeden offenbar. Gewiss, es hatte nach dem Abzug der Kreuzfahrer wirtschaftliche Kontakte gegeben. Das Mittelmeer war weiterhin ein wichtiger Kommunikationsraum zwischen Morgenland und Abendland. Die Kaufleute hielten sich in der Regel aber nur in den von ihnen besuchten Hafenstädten auf, so dass sie wenig von den Entwicklungen in den großen Städten des Hinterlandes erfuhren. Im Übrigen standen Fragen philosophischer, theologischer, ja sogar technischer Entwicklungen nicht unbedingt im Vordergrund ihrer Interessen. Nach der Französischen Revolution hatte es zwar in Istanbul heftige Auseinandersetzungen zwischen Franzosen gegeben, die das alte bzw. das revolutionäre Regime unterstützten. Die osmanischen Behörden hatten diesen Vorgang aber als interne Auseinandersetzung zwischen zwei Exilantengruppen betrachtet und die Handgreiflichkeiten mit der Hilfe von Ordnungskräften beendet. An den ideologischen Hintergründen der Auseinandersetzung war man nicht weiter interessiert. Die Neuheiten im technischen, vor allem im militärtechnischen Bereich, die man durch westliche Diplomaten bei deren gelegentlichen Besuchen in der Hauptstadt des Osmanischen Reiches kennenlernte, hatten ebenfalls nur ein eher oberflächliches Interesse gefunden. Daher traf die militärische Überlegenheit des französischen Expeditionskorps, das unter der Führung von Napoleon Bonaparte 1798 die für unschlagbar gehaltenen Mamlukentruppen in der Schlacht an den Pyramiden aus dem Feld schlug, die Muslime als ein schwerer Schock. Der wurde auch nicht dadurch gemildert, dass der französische General sich zumindest kryptisch als Muslim bezeichnete, wenn er in einer Proklamation erklärte: „Volk von Ägypten, man wird euch sagen, dass ich gekommen bin, um eure Religion zu zerstören; glaubt das nicht. Antwortet, dass ich gekommen bin, um eure Rechte wiederherzustellen, die Usurpatoren zu bestrafen, und dass ich, mehr als die Mamluken, Respekt habe vor Gott, seinem Propheten und dem Koran." Trotz dieser schönen Worte und obwohl die Franzosen über die politische und religiöse Situation im Lande genau informiert waren, war das Verhalten der französischen Armee in Ägypten das einer Besatzungsarmee. Französische Beobachter sparten nicht mit Kritik: „Wir, die wir uns rühmten, viel gerechter als die Mamluken zu sein, begingen täglich notgedrungen eine Menge Ungerechtigkeiten. Die Schwierigkeit, unsere Feinde an Gestalt, Farbe und Kleidung sogleich zu erkennen, führte dazu, dass wir täglich unschuldige Fellachen umbrachten. Die Soldaten, die auf Kundschaft auszogen, hielten öfters die armen Kaufleute, die in Karawanen gezogen kamen, für Mekkaner, und ehe ihnen Gerechtigkeit widerfahren konnte, waren zwei oder drei niedergeschossen, ein Teil ihrer Ladung geraubt oder verdorben, ihre belasteten Kamele gegen unsere verwundeten ausgetauscht, und der Gewinn von allem floss, genau betrachtet, den Kopten und Dolmetschern und anderen Blutsaugern zu … Das Los der Einwohner, zu deren Glück wir gekommen waren, war nicht sonderlich beneidenswert. Hatten sie aus Furcht vor unserer Ankunft die Flucht ergriffen, fanden sie bei ihrer Rückkehr nach unserem Abmarsch nichts als die kahlen Lehmwände, die wir ihnen gelassen hatten; alles andere Gerät hatten wir benutzt, Wagen, Dächer, Türen, alles hatten wir verbrannt, um Suppe zu kochen, ihre Töpfe waren zerbrochen, ihr Getreide verbacken, Hühner und Tauben gebraten. Nichts blieb liegen als die Kadaver ihrer Hunde, welche bei der Verteidigung des Eigentums ihrer Herren umgekommen waren." Ähnliche Berichte ließen sich aus Algerien, Westafrika, vom indischen Subkontinent oder aus den niederländischen Kolonialgebieten der malaiisch-indonesischen Inselwelt beibringen. Gegen diese Praxis der Kolonialmächte erhob sich rasch Widerstand in der einfachen Bevölkerung, während die herrschenden Eliten sich nach der militärischen Niederlage rasch mit den neuen Herren arrangierten. Geleitet wurde dieser Widerstand in der Regel von religiösen Führern, die den Versuch der Unterwerfung eines Teils des ‚Gebiets des Islams' unter nichtmuslimische Herrschaft als eine Umkehrung aller Regeln Gottes betrachteten. Zwar fanden sich auch Gelehrte, die von den technologischen und sozialen Errungenschaften des Westens beeindruckt waren. Seit den 40er Jahren des 19. Jahrhunderts nahmen muslimische Stipendiaten an Studienaufenthalten in den großen europäischen Metropolen teil und wurden durch diese Erfahrung tief beeindruckt. Doch die Mehrheit der muslimischen Bevölkerung lehnte die europäische Herrschaft nicht zuletzt aus religiösen Gründen ab. Effektiven Widerstand leisteten einerseits die mystischen Bruderschaften, die als die am besten organisierten Gruppen in vielen islamischen Ländern in der Lage waren, ihre Anhänger gegen die Kolonialheere in Stellung zu bringen. So war der Emir

Abd el-Kadir in Algerien seit 1840 der stärkste Gegner gegen die französische Besetzung des Landes. Sein Widerstand dauerte über zehn Jahre. In anderen Fällen waren es einzelne charismatische Persönlichkeiten wie der ‚mad Mullah' in Somalia, der bis in die Zeit nach dem Ersten Weltkrieg den Engländern und Italienern einen ständigen und in der Regel erfolgreichen Guerilla-Krieg lieferte. Dieser Mann war weder verrückt noch ein schiitischer Religionsgelehrter (wie die genannte Bezeichnung suggeriert), sondern ein somalischer Sunnit mit Namen Muhammad Abdallah Hasan, der in Mekka studiert hatte, die Besetzung seiner Heimat durch europäische Kolonialmächte aus religiösen Gründen ablehnte und alles tat, um sie aus dem Land zu vertreiben. Dass er dafür zum *Dschihâd* aufrief, lag in der Natur seiner religiösen Einstellung.

Einige Beispiele mögen die Vielfältigkeit der Methoden und der Motive dokumentieren, mit denen muslimische Gelehrte Anhänger um sich sammelten, um gegen die Fremdherrschaft aufzustehen. Um die Vielzahl der antikolonialen Bewegungen unter der Fahne des Islams zu verdeutlichen, sei hier auf einige weniger bekannte Beispiele des Kampfes gegen die europäischen Kolonialmächte hingewiesen. Bemerkenswert ist dabei der den verschiedenen Bewegungen gemeinsame Heilserwartungsgedanke, der sich in der Erlösergestalt des *Mahdi* manifestiert. Der berühmte arabische Geschichtstheoretiker Ibn Khaldun (gestorben 1382) beschreibt den *Mahdi* folgendermaßen: „Es ist allgemein bekannt unter den Muslimen aller Epochen, dass am Ende der Zeit ein Mann aus der Familie des Propheten erscheinen wird, einer, der die Religion stärken und der Gerechtigkeit zum Siege verhelfen wird. Die Muslime werden ihm folgen, und dieser wird die Herrschaft über die Länder erlangen. Er wird ‚*Mahdi*' (der Rechtgeleitete) genannt werden. Ihm wird der *Dajjâl* (gemeinhin mit ‚Anti-Christ' übersetzt) folgen, zusammen mit den Zeichen der Stunde des Jüngsten Gerichts, wie sie in den Traditionen beschrieben sind. Nach dem *Mahdi* wird Isa (Jesus) herabsteigen und den *Dajjal* töten. Er wird den Mahdi als Vorbeter anerkennen." Diese Messiasgestalt spielt im antikolonialen Kampf der Muslime eine wichtige Rolle, und es tauchte bis in die 80er Jahre des 20. Jahrhunderts in der islamischen Welt immer dann auf, wenn die natürliche Ordnung aus der Sicht der Muslime auf den Kopf gestellt war, vor allem dann wenn sie sich unter einer ungerechten oder fremden Herrschaft sahen. Das mit der Gestalt des Mahdi angezeigte apokalyptische Moment des Denkens ist nicht nur etwas Vergangenes. Apokalyptische Vorstellungen werden auch bei den Attentätern von New York vermutet.

Das südostasiatische Beispiel: Indonesien

Interessant und kaum bekannt sind die islamisch inspirierten Widerstandsformen gegen den niederländischen Kolonialmus in Niederländisch-Indien (Indonesien), aus denen deutlich wird, unter welchen Voraussetzungen und in welchen Formen es zu Aufständen kommen konnte. Insbesondere Java, eine der großen und volkreichen Inseln Indonesiens, ist im Folgenden von Interesse. Auf Sumatra gab es übrigens vergleichbare Bewegungen.

Schon in der zweiten Hälfte des 7. Jahrhunderts existierten in Ost-Sumatra muslimische Siedlungen. Intensiver wurde der islamische Einfluss, als zu Beginn des 12. Jahrhunderts arabische Missionare eine intensive Islamisierung betrieben. Zu Beginn des 13. Jahrhunderts finden sich dann die ersten Formen islamischer Staatlichkeit auf Sumatra. Nach Java gelangte der Islam durch arabische und persische Muslime zu Beginn des 15. Jahrhunderts. Die Islamisierung Sumatras und Javas, Anfang des 17. Jahrhunderts weitgehend abgeschlossen, bedeutete zunächst vor allem eine Symbiose aus hinduistisch-buddhistischen und islamischen Elementen, die bis in die Mitte des 19. Jahrhunderts anhielt.

Auf Java trafen seit dem Beginn des 19. Jahrhunderts arabische Händler aus dem Hadramaut mit ihren javanischen muslimischen Kollegen zusammen, die über die Jahrhunderte als orthodoxe Minderheit in einer synkretistischen Mehrheit gelebt hatten. Die größere Orthodoxie der religiösen Überzeugungen dieser javanischen Händler hängt mit ihrer Kompetenz in Kulturtechniken wie Schreiben und Lesen sowie ihrem ständigen Austausch mit anderen Muslimen zusammen, sei es auf Java, sei es in den zahlreichen arabischen, persischen und indischen Handelsstädten, die sie besuchten. Dass Araber ihre Auffassung vom Islam teilten, war für sie eine besonders wertvolle Bestätigung ihrer religiösen Haltung. Zum Zeitpunkt der Ankunft der Araber hatte sich unter den javanischen Kaufleute eine besondere Betonung der Pflicht der Pilgerfahrt nach Mekka entwickelt. Diese Erfahrung war von einschneidender Bedeutung für das weitere Leben dieser Pilger. Sie erlebten die Einheit der islamischen Welt und sahen, dass sie mit ihrer Auffassung vom Islam keine Minderheit darstellten. Diese Tatsache hatte noch mehr Gewicht als das Beispiel und religiöse Wirken der arabischen Immigranten. Als Beleg für diese Entwicklung sei auf die Geschichte der ‚Muhammadiyya' hingewiesen, einer 1911 von dem Mekkapilger K. H. Dahlan gegründete Vereinigung, die den islamischen mystischen Bruderschaften ähnelte. Auf Grund der seit dem Beginn des 19. Jahrhunderts in der islamischen Welt immer stärker werdenden Vorstellung von der Einheit von Religion und staatlicher Autorität mussten spirituelle Vorstellungen, wie sie sich in der ‚Muhammadiyya' konzentrierten, ihren Ausdruck auch in einer politischen Organisation finden. Die Gründung der *Sarekat Islam* (Islamische Union) war die Konsequenz aus dieser Entwicklung. Sie hatte zunächst die Funktion, den javanischen Händlern ein schlagkräftiges Instrument für den Kampf gegen die Konkurrenz der chinesischen Kaufleute zu schaffen. Daraus entwickelte sich aber angesichts der wachsenden Unzufriedenheit mit der Kolonialverwaltung wegen der vermeintlichen oder tatsächlichen Bevorzugung der chinesischen Händler eine indonesisch-nationalistische Bewegung, die vier grundsätzliche Ziele verfolgte: die Förderung indonesischer kommerzieller Unternehmungen, die gegenseitige wirtschaftliche Unterstützung der Mitglieder, die Förderung der geistigen und materiellen Wohlfahrt der Indonesier und die Wahrung des reinen Islams. Die Aufbruchstimmung unter den indonesischen Muslimen, die zu Reformbemühungen im geistigen und religiösen Bereich führte, hatte auch einen nationalen Aspekt. Die Muslime wurden sich ihrer Identität als Indonesier stärker bewusst. Diese Haltung richtete sich gegen die holländische Kolonialmacht, insbesondere aber auch gegen die anderen ethnischen Gruppen der indonesischen Inselwelt und schließlich auch gegen andere Religionsgemeinschaften. Dies gilt nun nicht allein für die städtischen Bereich, in dem die *Sarekat Islam* zunächst entstanden war. Die Organisation fand auch auf dem Land schnell zahlreiche Anhänger, wo die Bevölkerung zu Beginn des 20. Jahrhunderts erheblichen wirtschaftlichen Belastungen ausgesetzt war.

Zwei Faktoren hatten die traditionellen wirtschaftlichen Strukturen auf dem Lande gravierend verändert: Der eine war der ausgedehnte Landerwerb durch chinesische Zuwanderer, der zweite lag in der Landwirtschaftspolitik der Kolonialverwaltung, die die Förderung des Plantagenanbaus von Zuckerrohr zu ihrer Hauptaufgabe gemacht hatte. Es entstanden Protestbewegungen, deren Kritik an den sozio-ökonomischen Verhältnissen immer wieder verbunden war mit der Kritik an Missständen im religiösen Bereich. Existenziell empfundene Bedrohung des spirituellen wie des profanen Lebens bildete den Ausgangspunkt für Heilerwartungsbewegungen. Die vorhandene und wahrscheinlich auch objektiv berechtigte Unzufriedenheit musste sich nur noch in einer charismatischen Person konzentrieren.

Nicht nur der Landerwerb der Europäer und Chinesen war ein Grund für die Entwicklung von Spannungen mit der einheimischen Bevölkerung, sondern vor allem auch die Belastungen, die durch die Einführung von Steuern auf die Menschen zukamen. Die Holländer erklärten der bäuerlichen Bevölkerung, dass sie von den Steuereinnahmen indirekt profitieren werde. Man wies auf die Verbesserung der Infrastruktur durch Straßen- und Bewässerungsbauten hin, aber auch der Aufbau eines Grundschul- und eines rudimentären Gesundheitswesen wurde als Grund für die Eintreibung von Steuern genannt. Um ihren Steuerverpflichtungen nachkommen zu können, sahen sich die Betroffenen oft gezwungen, Kredite bei chinesischen Geschäftsleuten aufzunehmen, für die diese exzessive Zinsen berechneten. Auch hier spielt ein religiöses Moment eine wichtige Rolle. Der Koran verbietet mit aller Schärfe die Zahlung ebenso wie das Nehmen von Zinsen. Derartige Verstöße gegen die Gesetze Gottes werden mit dem Abfall vom Islam gleichgesetzt. Die chinesischen Händler traten aber gleichzeitig als die einzigen direkten Abnehmer der landwirtschaftlichen Produkte auf. Aus dieser Konstellation entwickelte sich allmählich eine preisbestimmende Monopolstellung, die die Abhängigkeit der Javaner von den Chinesen und damit die ohnehin vorhandene Spannung zwischen den beiden Bevölkerungsgruppen verstärkte.

Vor diesem Hintergrund ist es zu verstehen, dass bereits seit der Mitte des 19. Jahrhunderts in Java in zunehmendem Maße charismatische Persönlichkeiten auftraten. Doch sie blieben in ihrer Wirkung beschränkt, weil ihre jeweilige Gefolgschaft regional begrenzt blieb. Im Zentrum der Vorstellungen dieser Bewegungen stand die Gestalt des *Ratu Adil*, des gerechten Königs (ursprünglich eine aus der buddhistisch-hinduistischen Tradition stammende messianische Figur). Die Führer von solchen Aufstandsbewegungen waren häufig die Leiter eines bestimmten Typs islamischer Schulen, die wiederum stark von mystischen Bruderschaften beeinflusst waren. In diesen Schulen bestand in der Regel ein enges Lehrer-Schüler-Verhältnis, das mit einem ausdrücklichen Treue-Eid bekräftigt wurde. Danach verschrieb sich der Schüler seinem Lehrer und gelobte ihm Gehorsam und treue Gefolgschaft.

Dennoch blieb die Wirkung dieser Führungspersönlichkeiten regional begrenzt und war in der Regel nur von kurzer Dauer. Der wichtigste Grund für ihren Misserfolg war aber zweifellos, dass schon kleinste Niederlagen in aller Regel zu einem absoluten Autoritätsverlust des Propheten und zur Auflösung seiner Gefolgschaft führten. Dabei waren die Erfolgsmöglichkeiten schon deshalb erheblich eingeschränkt, weil diese Unruhen jeweils punktuell und unkoordiniert auftraten. Es fehlte trotz der wandernden Lehrer, die die Gedanken des Aufstands verbreiteten, eine gemeinsame, zentrale Führung. Die messianischen Bewegungen gaben trotz ihrer Emotionalität und weitgehenden religiösen Ausrichtung keine adäquate Antwort auf die Situation der Landbevölkerung.

Es war die im städtischen islamischen Milieu angesiedelte *Sarekat Islam,* die eine erfolgreiche Alternative bot. Die Führer der *Sarekat Islam* erarbeiteten einen ideologischen Rahmen, innerhalb dessen es auch für die ländliche Bevölkerung möglich war, eigene Aktivitäten zu entfalten. Damit wurde die Bewegung auch zum Sprecher des ländlichen Protestes. Die Flexibilität in der Ideologie und Organisationsstruktur, die durch verbesserte Kommunikationsmöglichkeiten auch im ländlichen Bereich für die gemeinsame Abstimmung von Aktionen sorgte, schuf der *Sarekat Islam* eine Massenbasis, die sich aus allen Gruppen der javanischen Bevölkerung zusammensetzte. Einerseits war die Organisation in der Lage, auf lokale Besonderheiten Rücksicht zu nehmen, andererseits einigten einige wenige Grundvorstellungen die Gesamtheit der Mitglieder, vor allem die anti-chinesischen Grundpositionen, eine aggressive Haltung gegen die administrativen Autoritäten sowie ein Gefühl der Zusammengehörigkeit, verbunden mit Feindseligkeit gegen alle Nicht-Mitglieder. Die Mitgliedschaft wurde getragen von einer Grundstimmung, deren Basis das lebhafte Bewusstsein einer religiösen Erneuerung war. Der islamische Glaube, der die Gesamtheit der Bevölkerung verband, schloss zugleich deren Feinde aus. Zwar müssen die Aktivitäten der *Sarekat Islam* über lange Jahre als reine Agitation bezeichnet werden, die zu Aufständen und Unruhen eher lokaler Art führten. Zugleich aber entwickelte sich aus ihrer anti-kolonialen Haltung ein indonesisches Nationalbewusstsein, das eine stark sozial orientierte Komponente enthielt. Hier liegt der Ursprung des muslimischen Widerstandes gegen die autokratischen Herrscher des unabhängigen Indonesien.

In der Geschichte des muslimischen antikolonialen Kampfes in Indonesien zeigen sich eine Reihe von Merkmalen, die auch für radikale islamische Bewegungen in der Gegenwart typisch sind. Festzuhalten ist die Bedeutung wahhabitischer Vorstellungen, die die Indonesier während der Pilgerfahrt in Mekka kennenlernten. Vor allem seit dem Ölboom hat das Regime in Saudi-Arabien große Mittel aufgewandt, um die wahhabitische Ideologie in der gesamten islamischen Welt zu verbreiten. Auch die Gründung internationaler islamischer Organisationen, Hilfsfonds oder islamischer Banken muss vor diesem Hintergrund gesehen werden. Die gegenwärtig aktiven Islamisten in ihrer Gesamtheit mögen in ihren Vorstellungen von der wahhabitischen Ideologie nicht direkt abhängig sein. Eine gewisse gedankliche Nähe besteht aber. Ein weiteres Moment, auf das in diesem Zusammenhang hingewiesen werden muss, ist die religiöse Autorität der Araber als Vertreter der islamischen Kernlande, in denen die Heiligen Stätten liegen – Ziel der Pilgerfahrt und Richtung des Gebets. In dem historischen indonesischen Kontext sind es arabische Händler, die die indonesischen Muslime wie größere Brüder in ihrer Haltung bestätigt haben. Die arabische Dominanz in der Bin-Laden-Organisation ist ebenfalls kein Zufall. Zwar sind vor Gott alle Muslime gleich. Der Islam richtet sich an alle Menschen. Aber die Araber sind aus der Sicht vieler anderer Muslime etwas Besonderes. Aus ihrem Volk stammte der Prophet Muhammad, in ihrer Sprache wurde das Heilige Buch des Korans offenbart. Auch der *Mahdi* wird ein Araber sein. Schließlich ist auf die bleibende Bedeutung der religiösen Schulen für die Organisation und die Verbreitung der jeweiligen ideologischen Vorstellungen hinzuweisen. Auf Sumatra wie auf Java wurden sie zu zentralen Kommunikations- und Indokrinationszentren der antikolonialen Bewegung. In Pakistan sind es noch heute die islamischen Schulen, in denen die Ideen radikaler Islamisten verbreitet werden und aus denen ein Teil der Glaubenskrieger rekrutiert wird.

Die schiitische Revolution im Irak von 1920

Mehrfach ist in den Wochen nach den Attentaten vom 11. September 2001 die Vermutung geäußert worden, dass es Verbindungen der Täter in den Irak gebe. Manche Beobachter bezweifeln entsprechende Zusammenhänge. Der Irak ist ein säkulares Regime, das jede Form von islamischem Radikalismus mit außerordentlich drakonischen Mitteln unterdrückt. Der Hass von islamistischer Seite auf das Regime in Baghdad ist entsprechend groß. Der Irak ist ein Land, in dessen moderner Geschichte politische Attentate immer eine besondere Rolle gespielt haben und in denen radikale islamische Positionen die Politik mitbestimmten. Das Land stand stets im Schatten des politischen Interesses der westlichen Öffentlichkeit, trotz seiner strategischen Bedeutung und seiner beachtlichen Bodenschätze an Öl und Erdgas. Selbst nach den beiden Golfkriegen im Jahrzehnt zwischen 1980 und 1991 ist das Interesse der Welt nach kurzer Zeit jeweils rasch wieder erlahmt. Dabei ist der Irak zum Verständnis auch aktueller Vorgänge durchaus wichtig, lassen sich doch am Beispiel des Irak Entwicklungen, die für die gesamte islamische Welt typisch sein könnten, häufig genauer und schärfer betrachten. Dies liegt z. B. an der Tatsache, dass hier eine große schiitische Mehrheit lebt, die über mehr als ein Jahrhundert von der herrschenden sunnitischen Minderheit wie eine Minderheit behandelt wurde, aber auch daran, dass das Land relativ früh eine gewisse Selbstständigkeit und nationale Identität entwickelt hat.

Der Irak war bis zum Ende des Ersten Weltkriegs Teil des Osmanischen Reiches, das in beständige Auseinandersetzungen mit seinem Nachbarn Iran verstrickt war. Im Iran ist die schiitische Form des Islams seit 1501 Staatsreligion. Daher standen die irakischen Schiiten für die herrschenden Sunniten im Verdacht, eine Art ‚fünfte Kolonne' des Erbfeindes Iran zu sein. Richtig war, dass viele iranische Schiiten sich aus religiösen, aber auch aus politischen Gründen im Irak niedergelassen hatten. Mit den beiden Städten Kerbela und Najaf liegen die neben Mekka heiligsten Stätten der Schiiten auf irakischem Boden. Hier sind die größten Heiligen der schiitischen Konfession bestattet. Über ihren Gräbern sind prächtige Grabmoscheen errichtet worden. Unter Schiiten gibt es die feste Überzeugung, dass alle, die in den beiden Städten bestattet werden, ins Paradies gelangen. Daher versuchen viele Schiiten, hier begraben zu werden, was umso einfacher möglich ist, wenn man sich schon zu Lebzeiten dort aufhält. Andere sorgten dafür, dass sie nach ihrem Tod aus ihrer zum Teil Tausende von Kilometern entfernten Heimat in so genannten ‚Leichenkarawanen' dorthin gebracht werden. Schiitische Gelehrte, Literaten und Intellektuelle standen darüber hinaus im 19. und 20. Jahrhundert häufig in einem scharfen Oppositionsverhältnis zu den autokratischen Herrschern im Iran. Sie kritisierten u. a. deren Verschwendungssucht und die kritiklose Übernahme von westlichen Lebensformen, durch die der schiitische Charakter des Landes unterzugehen drohte. Mit der Übersiedlung in den Irak konnten sie den Repressionsmaßnahmen des iranischen Staates ausweichen und mit Sendschreiben, Boykottaufrufen und anderen Mitteln die politische und gesellschaftliche Entwicklung im Iran beeinflussen. Sie brachten die persischen Dynastien in den vergangenen beiden Jahrhunderten immer wieder in Schwierigkeiten und zwangen sie sogar zur Abdankung. Neben diesen in den Städten lebenden Schiiten, die häufig persischer Herkunft sind, machten den größten Teil der schiitischen Bevölkerung im Irak die südirakischen Beduinen-Stämme aus, die besondere kriegerische Traditionen verkörperten.

Das Osmanische Reich war bekanntlich auf der Seite der Mittelmächte in den Ersten Weltkrieg eingetreten. Die führenden schiitischen Gelehrten in Kerbela und Najaf hatten es aber vermieden, sich dem Aufruf zum *Dschihâd* anzuschließen. Gerade weil sie eine neutrale Position eingenommen hatten, fühlten sie sich durch die britische Invasion des Zweistromlandes betrogen, zumal die Briten zunächst den von schiitischen Stämmen bewohnten südlichen Teil des Landes besetzten. Als sich nach Kriegsende abzeichnete, dass die Briten den Irak zu einer Kolonie machen wollten, brach ein Aufstand los. Von Bedeutung war dabei auch, dass die Briten sich direkt in sehr konkrete religiöse Fragen einmischten und Einfluss nehmen wollten auf die für die schiitischen Wallfahrtsstädte wichtigen Pilgerstöme aus dem Iran und vom indischen Subkontinent sowie auf die regelmäßigen Geldspenden aus dem Iran und aus Indien, ferner dass sie versuchten, die Leichentransporte nach Kerbela und Najaf einzudämmen. Noch gravierender freilich war die Vorstellung, dass Christen über ein für die Schiiten heiliges Land herrschen würden: Das bedeutete geradezu den Zusammenbruch der islamischen Zivilisation. Dass britische Truppen zudem das allen Muslimen heilige Jerusalem okkupiert hatten, hieß nichts anderes als: Hier wurden die Säulen der islamischen Welt niedergerissen. In einem Flugblatt aus dieser Zeit heißt es: „Wie jedermann weiß, hat die Situation der Muslime heute ein hohes Maß an Unsicherheit und Schwierigkeit erlangt. Die gelehrtesten *Ulamâ'* und die Stämme, die ihre Kampfbereitschaft verkündet haben, können dazu nicht länger schweigen. Sie müssen jedes Opfer bringen für diese religiöse Erhebung und die bevorstehende islamische Bewegung. Heute ist es die Pflicht aller Muslime, die edle Religion zu verteidigen, die Heiligen Grabstätten vor den Besudelungen durch die Ungläubigen zu bewahren und die lauteren Gläubigen vor den Angriffen des Unglaubens zu schützen." Ziel der Rechtsgelehrten war es, im Irak eine islamische Regierung zu errichten, die nicht unter fremdem Einfluss stehen durfte. Als die Alliierten stattdessen erklärten, dass der

Irak unter britisches Mandat gestellt werden sollte, und die entsprechenden Ergebnisse der Verhandlungen von San Remo im Mai 1920 in Kerbela und Najaf bekannt wurden, war klar: Die Schiiten würden allein nicht in der Lage sein, sich gegen die britische Vormacht zur Wehr zu setzen. Man versuchte, eine Koalition mit den irakischen Sunniten zu schmieden. Wie stark die anti-britische Stimmung bei beiden Religionsgruppen in diesen Tagen war, zeigt das folgende Gedicht des sunnitischen Dichters Habib al-Ubaidi:

> „Entzündet Brände, ihr edlen Iraker und wascht ab die Schande mit fließendem Blut.
> Volk des Irak, ihr seid keine Sklaven, dass man eure Hälse mit Ketten schmücken könnte.
> Volk des Irak, ihr seid keine Gefangenen, die ihre Schultern unter Ketten beugen.
> Volk des Irak, ihr seid keine Frauen, deren Waffen Tränen sind, die aus der Tiefe der Augen fließen.
> Volk des Irak, ihr seid keine Waisen, die Vormundschaft (Mandat) für den Irak brauchen.
> Ihr sollt das Wasser des Tigris nicht mehr genießen, wenn ihr euch mit Erniedrigung und Unterdrückung zufrieden gebt."

Die Überwindung der religiösen Spaltung durch die Bezugnahme auf die gemeinsame Nation wird noch deutlicher in einem anderen kurzen Gedicht, das Vertreter verschiedener Rechtsschulen anspricht, und in dem es heißt:

> „Sprich nicht von einem Ja'fariten oder Hanafiten.
> Sprich nicht von einem Shafi'iten oder Zayditen.
> Denn die Scharia Muhammads hat uns alle vereinigt
> Und lehnt das westliche Mandat ab."

Zuerst blieb die Bewegung noch friedlich. Der bedeutendste schiitische Gelehrte, Schirazi, schrieb in einem Aufruf: „Eure Brüder in Bagdad und Kazimiyya haben sich verabredet, Versammlungen abzuhalten und an friedlichen Demonstrationen teilzunehmen ... Es ist eure Pflicht und die aller Muslime, mit euren Brüdern in diesem edlen Prinzip übereinzustimmen. Hütet euch davor, den Frieden zu verletzen und Uneinigkeit und Streit unter euch entstehen zu lassen; denn das würde euren Zielen schaden und zu einem Verlust eurer Rechte führen. Die Zeit für den Erfolg ist gekommen." Ein *Fatwa* vom gleichen Gelehrten lautete: „Es ist eine religiöse Pflicht für jeden Iraker, seine Rechte einzufordern ... Es ist ihnen erlaubt, Gewalt und Waffen zu gebrauchen, wenn die Briten sich weigern, ihren Forderungen nachzukommen." Im Vergleich zu den flammenden Aufrufen der nationalistischen Dichter zeichnet sich das *Fatwa* durch Knappheit und Nüchternheit aus. Möglicherweise liegt darin seine besondere Wirksamkeit.

Am 30. Juni 1920 kam es zu den ersten Angriffen schiitischer Beduinenstämme auf britische Truppen. Die Stammeskrieger unterbrachen Telefon- und Telegrafenlinien, so dass die Briten ihren Gegenaktionen zunächst nicht koordinieren konnten. In vielen Orten im Süden des Landes wurden die britischen Residenten und ihre arabischen und indischen Kollaborateure angegriffen und zum Teil getötet. Als auch noch der zum Kriegsschiff umgerüstete Flussdampfer ‚Firefly' im Tigris auf einer Sandbank stecken blieb und von den Beduinentruppen erfolgreich angegriffen wurde, fühlten sich die politischen und religiösen Führer des Aufstands schon auf der Siegerstraße. Sobald die Briten aber ihre Abwehrmöglichkeiten organisiert hatten, wirkte sich ihre waffentechnische Überlegenheit rasch zu Ungunsten der Aufständischen aus. Vor allem gegen den Einsatz der Luftwaffe konnten sie nichts ausrichten. Den Niederlagen folgte die Auflösung der einzelnen Gruppen der Aufständischen. Trotz aller Versuche der Führung des Aufstandes, ihre Leute bei der Stange zu halten, kehrte die Mehrheit der Krieger in ihre Zelte oder Dörfer zurück. Nicht wenige wiesen darauf hin, dass die Zeit der Ernte gekommen sei und man die gesamte Arbeit nicht Frauen und Kindern überlassen könne. Spätestens im August 1914 war der Aufstand zusammengebrochen.

Die sunnitischen Eliten hatten diese Entwicklung möglicherweise vorausgesehen und sich bei dem eigentlichen Aufstand mehr oder weniger zurückhaltend gezeigt. Überaus pragmatisch gingen sie auf britische Vorschläge ein, die der Befriedung des Landes dienen sollten. Die schiitischen Aufstandsführer entzogen sich der Verfolgung durch die britischen Behörden durch Flucht in den Iran; schiitische Gelehrte, die als anti-britisch bekannt waren, wurden des Landes verwiesen. Die Mehrheit der irakischen Schiiten lehnte die Befriedungsvorschläge der britischen Verwaltung ab. Die Briten hatten die Etablierung eines ‚Königreich Irak' unter dem haschimitischen König Faisal vorgeschlagen. Faisal war der arabische Partner des berühmten ‚Lawrence von Arabien' gewesen und hatte ein ‚Arabisches Königreich' mit der Hauptstadt Damaskus gegründet, aus dem er aber schon nach kurzer Zeit von französischen Truppen vertrieben worden war. Zwar sollte das britische Mandat im Irak noch bis in die dreißiger Jahre bestehen bleiben; aber die Etablierung einer irakischen Selbstverwaltung sollte nicht weiter verzögert werden. In einem Referendum stimmten die Iraker diesen Vorschlägen zu. Allerdings hatten die Schiiten die Abstimmung boykottiert, weil ihnen die britischen Vorschläge nicht weit genug gingen und sie vor allem mit der Aufrechterhaltung des Mandats nicht einverstanden waren.

Diese Verweigerungshaltung erwies sich auf lange Sicht als politischer Fehler, weil sie in der Folgezeit auch von den politischen Entscheidungsprozessen ausgeschlossen waren, bei denen die Briten der sunnitischen Seite eine gewisse Mitbestimmung einräumten. Als sich die ablehnende Haltung der Schiiten langsam änderte, waren die wichtigsten Positionen auf der politischen Bühne und in der Verwaltung bereits von Sunniten besetzt. Für Schiiten blieben nur wenige, in der Regel einflusslose Posten übrig. So wurde das Amt des Ministerpräsidenten bis in die Zeit nach dem Zweiten Weltkrieg stets von einem Sunniten besetzt. Die Schiiten, die sich als die Träger der Revolution von 1920 sahen, fühlten sich um ihre Erfolge und ihren Einsatz betrogen. Zwar bemühten sich die Briten während der Mandatszeit, schiitische Persönlichkeiten mehr und mehr in die politischen Entscheidungsprozesse einzubinden. Die Schiiten fühlten sich aber weiterhin im eigenen Land wie eine Minderheit behandelt. Jede Ablehnung eines Antrags für den Bau von Straßen, Bewässerungskanälen oder die Restaurierung eines Heiligtums in den schiitischen Siedlungsgebieten vor allem des südlichen Irak wurde als anti-schiitische Aktion gesehen, und in manchen Fällen bestand dieser Eindruck auch nicht zu Unrecht. Der Aufstand von 1920 hat bis heute eine Integration der schiitischen Mehrheit in den irakischen Staat verhindert, unabhängig von dessen jeweiligen politischen Strukturen. Dies hat wiederum eine ständige Sorge der Herrschenden zur Folge gehabt, die sich der Loyalität der Bevölkerungsmehrheit niemals sicher sein können. Die schiitischen Aufstände vom Frühjahr 1991 werden von der gegenwärtigen Führung in Bagdad jedenfalls so interpretiert.

Das irakische Beispiel macht etwas drastisch deutlich. Es zeigt die Entwicklung auf, die eine Bewegung nehmen kann, wenn die Probleme, die sie ins Leben gerufen haben, längerfristig ungelöst bleiben. Der Bezug auf die Tradition des *Dschihâd* als konkreter erinnerter Kampf gegen einen Feind hat exemplarischen Charakter. Er stellt ein Beispiel für ähnliche Handlungen zu einem späteren Zeitpunkt und unter anderen Bedingungen dar. In den zahlreichen Erklärungen radikaler Schiiten wird stets auf das Erbe der Revolution von 1920 hingewiesen. Auch diejenigen, die die Attentate auf die Gebäude der Partei Saddam Huseins, der Baath-Partei, verübten, sahen sich in der Tradition dieser Revolution.

Auswirkungen des Kolonialismus

Die Auswirkungen des westlichen Kolonialismus auf die islamische Welt und ihre Gesellschaften sind sehr vielfältig. Die traditionellen wie die modernisierten Eliten versuchten ernsthaft, ihre Gesellschaften zu modernisieren, indem sie wirtschaftliche Strukturen veränderten, neue Kommunikationstechnologien einrichteten, das Bildungssystem umbauten, die Armee reformierten und auf vielfältige Wese westliche Lebensformen nachzuahmen versuchten. Da diese Modernisierung sich nur sehr langsam vollziehen konnte, bemühte man sich um die Schaffung von Symbolen, die als Beweis für den erreichten Fortschritt dienen sollten. Man baute Opernhäuser und gründete Symphonie-Orchester, deren Programm aus dem Repertoire westlicher klassischer Musik zusammengestellt wurde. Dass dies für eine ganz überwiegende Mehrheit der Gesellschaften gar keine positive Bedeutung hatte und zu Recht als sinnlose Geldverschwendung betrachtet wurde, ließ die führenden Kreise völlig unbeeindruckt. Hier beginnt etwas, was die radikalen islamischen Modernisierungskritiker als ‚Westoxikation' bezeichnen und gegen das sie sich mit aller Macht wehren.

Ein besonders symbolträchtiges Thema im Rahmen der Modernisierung war die Abschaffung traditioneller orientalischer Bekleidungsformen. Bei Männern spielten dabei vor allem die Kopfbedeckungen eine Rolle. Turbane und ähnliche orientalische Formen der Bedeckung des Haupthaars wurden zunächst als veraltet beschimpft und durch eine Art von Hut ersetzt, den fez, der schon bald ebenfalls als Zeichen orientalischer Rückständigkeit verteufelt wurde. Im Rahmen einer osmanischen Armeereform wurden in der ersten Hälfte des 19. Jahrhunderts Militärmützen mit einem Schirm eingeführt, der gegen die Sonne schützen sollte. Da die muslimischen Soldaten im osmanischen Heer durch diese Mützenschirme aber beim Gebet behindert wurden, wurden die Schirme abgetrennt und der Fez war geboren. Im Rahmen der Reformen, die der türkische Staatsgründer Kemal Atatürk seit den 20er Jahren des 20. Jahrhunderts durchführte, wurde auch diese Kopfbedeckung abgeschafft und durch den europäischen Hut mit Krempe ersetzt. Da Atatürk Religion zur Privatsache erklärt hatte, hatte diese Veränderung der Kleidung auch eine religiöse Konnotation, da auch der Hut mit Krempe beim muslimischen Pflichtgebet störte.

Ähnliches ließe sich über die Einführung der europäischen Hosen berichten. Als diese im 19. Jahrhundert in der tunesischen Armee eingeführt wurden, war dies den Soldaten so peinlich, dass sie die Hosenbeine unter ihren traditionellen Gewändern hochzogen oder umschlugen, wenn sie während ihrer dienstfreien Zeit Ausgang hatten, damit niemand sie in diesen komischen Kleidungsstücken sehen konnte. Als der iranische Autokrat Reza Schah den schiitischen Theologiestudenten befahl, ihre Kaftane abzulegen, empfanden diese den Vorgang als außerordentlich beschämend. Einer der Betroffenen sagte, ohne Kaftan dazusitzen sei ihm so vorgekommen, als säße er in seiner Unterhose in der Öffentlichkeit.

Neben diesen wenigen Beispielen, die aber wohl für die Modernisierungsvorstellungen der orientalischen Eliten nicht ganz untypisch sind, war vor allem der Import von europäischen Ideologien für die Entwicklung der islamischen Gesellschaften bis in die 60er Jahre des 20. Jahrhundert von Bedeutung. Man kann hier durchaus von Import sprechen, weil die Vertreter dieser Ideologien mit ihren Vorstellungen in die verschiedenen islamischen Länder kamen. So gründete die ‚Fabian Society' die eine besondere Art von Sozialismus propagierte, Anfang des 20. Jahrhunderts unter anderem in Kairo eine Zweigstelle, und Vertreter der Kommunistischen Internationale sollen schon unter den Aufständischen der ‚Irakischen Revolution' von 1920 agitiert haben. Natürlich brachten auch Muslime, die sich als Studenten oder auf Reisen in europäischen Ländern aufgehalten hatten, bei ihrer Rückkehr derartige westliche Ideologien mit. Sie erwarteten, dass es mit ihrer Hilfe gelingen könnte, die Rückständigkeit ihrer Heimat zu verändern.

Das Konzept der Nation im europäischen Sinn ist mit dem Islam allerdings nicht vereinbar. Denn es gibt nur die Gemeinschaft der Gläubigen. Zwar stellt der Koran fest, dass Gott verschiedene Völker geschaffen hat, aber keinem hat er einen besonderen Vorrang zugebilligt. Für Muslime, die sich vom Westen angezogen fühlten, konnten die Idee der Nation einerseits und die der Gemeinschaft der Muslime andererseits nebeneinander stehen, ohne dass ihnen der immanente Widerspruch deutlich wurde. Im Laufe der Zeit waren es aber neben orientalischen Christen und Juden vor allem säkularisierte Muslime, die Konzepte eines ägyptischen, arabischen oder türkischen Nationalismus entwickelten. Der Einfluss von Angehörigen der religiösen Minderheiten auf die Ausarbeitung nationalistischer Theorien darf nicht verwundern: Innerhalb der säkularen Nation konnten, ihren Erwartungen nach, die religiösen Unterschiede, die sie in islamischen Staaten zu Bürgern zweiter Klasse machten, aufgelöst und überwunden werden. In seiner Methode der Identitätserfindung unterschied sich ein arabischer oder türkischer Nationalismus nicht von seinen deutschen, französischen, italienischen oder russischen Vorbildern. Kennzeichnend ist vor allem das Bemühen, eine möglichst weit reichende historische Tiefe nachzuweisen, aus der heraus sich dann aktuelle Ansprüche nachweisen lassen. So haben arabische Nationalisten der dreißiger Jahre des 20. Jahrhunderts den alt-orientalischen Herrscher Hammurabi oder auch Abraham und Moses für die arabische Nation vereinnahmt. Radikal-nationalistische türkische Denker behaupteten, dass die Etrusker die Vorfahren der Türken seien. Vergleichbare Theorien findet man bekanntlich auch bei den Vertretern der entsprechenden nationalistischen Theorien in Europa. Die Folgen, die mit dem Entstehen eines ägyptischen, mesopotamischen, gesamt- oder panarabischen, eines iranischen, türkischen oder indo-muslimischen Nationalismus einhergingen, wurden von europäischen Beobachtern, vor allem aber von Militärs und von den Vertretern der jeweiligen Kolonialverwaltungen schnell als eine ernst zu nehmende Gefahr erkannt. Aus dieser Perspektive konnte die Legitimität der europäischen Herrschaft in den verschiedenen Teilen der islamischen Welt in Frage gestellt werden. In der Tat entwickelte sich der Nationalismus zur stärksten Triebfeder der anti-kolonialen Bewegung in allen Regionen der islamischen Welt. Für unseren Zusammenhang wichtig bleibt freilich die Feststellung: Der Mehrheit der muslimischen Bevölkerung blieben diese Vorstellungen fremd. Lediglich mit dem Hinweis auf die religiöse Verpflichtung der Befreiung der ‚*dâr al-Islam*' von einer nicht-islamischen Fremdherrschaft waren islamisch geprägte Bevölkerungsschichten für die Beteiligung am anti-kolonialen Kampf zu gewinnen. Diese Allianzen erwiesen sich jedoch in der Mehrzahl der Fälle als ein Bündnis auf Zeit. War die nationale Unabhängigkeit von den Kolonialmächten einmal durchgesetzt, zerbrachen diese Bündnisse, und in der Regel behielten die nationalistischen Kräfte die Oberhand. Diese bevorzugten bei ihren Reform- und Entwicklungsbemühungen das Prinzip des Säkularismus, indem sie den Islam, im Sinne europäischer Kritiker, als rückständig und fortschrittshemmend charakterisierten. Kam es zu Gegenbewegungen islamischer Kräfte aus der gläubigen Bevölkerung, wurden diese häufig mit drakonischen Maßnahmen unterdrückt.

Sozialistische Vorstellungen waren für weite Teile der islamischen Gesellschaften zunächst wenig verständlich. Die Ablehnung z. B. von Privateigentum wiedersprach den Vorstellungen des Korans, der Besitz als etwas ansah, das dem Menschen von Gott geliehen wurde und für das er ihm Rechenschaft schuldig ist. Die Forderung nach der allgemeinen Abschaffung von Privateigentum widersprach also der von Gott gesetzten Ordnung. So waren es vor allem Angehörige der religiösen Minderheiten, die sich für sozialistische Konzepte einsetzten. Die Führer kommunistischer Parteien in arabischen Ländern waren sehr häufig christlicher Herkunft. Lediglich unter den Schiiten fanden sich nennenswerte Gruppen, die sich für einen westlichen Sozialismus interessierten. Dies mag auf die Tatsache zurückzuführen sein, dass eine große Zahl von ihnen traditionell zu den ethnischen oder sozialen Minderheiten in ihren jeweiligen Gesellschaften gehörte und entsprechenden Vorstellungen gegenüber aufgeschlossen war. Seit den 50er Jahren des 20. Jahrhunderts verbanden sich nationalistische und sozialistische Vorstellungen in einer Reihe von islamischen Ländern zu einer Art von Symbiose. Das gilt vor allem für die arabische Welt, aber auch für Indonesien unter seinem Staatsgründer Ahmed Sukarno. Da die religiösen Einrichtungen und ihre Mitarbeiter in diesen Staaten oft finanziell von den jeweiligen Regierungen abhängig waren, wurden die islamischen Gelehrten gedrängt, die Übereinstimmung dieser modernen Konzepte mit den Regeln des Islams festzustellen. Während dies im Zusammenhang mit nationalistischen Vorstellungen sich nur schwer bewerkstelligen ließ, konnte man aus den autoritativen Texten des Islams ohne große interpretatorische Bemühungen die Forderung nach Gleichheit und Gerechtigkeit auch im materiellen Sinne herauslesen. Die führenden *Ulamâ'* versuchten den Islam geradezu als eine besonders frühe Form des Sozialismus darzustellen. Mit diesen Bemühungen konnten sie aber nur einen Teil der muslimischen Bevölkerung überzeugen. Der Mehrheit war bewusst, dass die religiösen Führer in starker Abhängigkeit von den politisch Herrschenden standen. Als die politische Führung vieler der islamischen Länder bei der Bevölkerung infolge von offenkundiger Misswirtschaft und Korruption mehr und mehr an Ansehen verlor, wurden auch die mit dem Staat eng verbundenen religiösen Autoritäten in immer stärkerem Maße kritisiert und ihre Anweisungen religiöser oder ethischer Natur von Teilen der Bevölkerung mehr und mehr ignoriert. Die gesellschaftliche und politische Krise entwickelte sich dadurch auch zu einer religiösen Krise. Da die staatsnahen Religionsgelehrten in weiten Teilen der Bevölkerung beträchtlich an Autorität verloren hatten, fanden radikale Prediger Zulauf, die in ‚privaten' Moscheen das ansprachen, was der Bevölkerung auf den Nägeln brannte: Korruption, Arbeitslosigkeit, Verschwendung von Volksvermögen, bestimmender Einfluss von fremden Mächten, Sittenverfall etc. Nicht alle diese Vorwürfe mögen objektiv berechtigt sein – der subjektive Eindruck vor allem bei der unteren Mittelklasse bestand jedenfalls. Die sich gebetsmühlenhaft wiederholenden Versprechen der Herrschenden für eine Verbesserung der allgemeinen Lebensumstände wurden nach 20 und mehr Jahren Unabhängigkeit nicht mehr ernst genommen. Nur noch mit radikalen Mitteln glaubte man Veränderungen herbeiführen zu können. Die Enttäuschten der anti-kolonialen Bewegung, die am sozialistischen Experiment Verzweifelnden wandten sich seit dem Beginn der 70er Jahre verstärkt einem Islam zu, der nichts mit seiner offiziellen, staatlich finanzierten Form zu tun hatte. Einige zogen sich in den privaten Islam der Mystik zurück, andere blieben radikal, änderten aber die ideologische Grundlage ihrer Radikalität. Sie vor allem sind heute im Blickfeld des Weltinteresses. Die unmittelbar nach dem Angriff auf Afghanistan ausgestrahlte aggressiv-drohende TV-Botschaft Bin Ladens spricht ihre Sprache.

Islamische Reformer – Inspiration der Radikalisierung

Die Frage nach einer Radikalisierung des Islams ist nicht zu trennen vom Phänomen der Auseinandersetzung des Islams mit dem Westen. Diese Auseinandersetzung ist seit dem Beginn der 19. Jahrhunderts ein zentrales Moment islamischer Existenz geworden. Festhalten muß man freilich auch: Nicht nur Kritik, sondern auch das Ignorieren der Vorgänge und Entwicklungen in Westeuropa (und später dann auch in Amerika) war eine weiterhin feststellbare Reaktion in der islamischen Welt. In einer liebevollen Erinnerung an seinen Vater charakterisiert etwa der ägyptische Schriftsteller Ahmad Amin (1886–1954) einen typischen Vertreter dieser Gruppe von Muslimen so: „Er war außerordentlich religiös, betete häufig und las immer wieder den Koran und die Prophetentraditionen. Er zahlte sein Pflichtalmosen und verteilte es unter seinen armen Verwandten. Er fastete und vollzog die Pilgerfahrt. Er verbrachte die Nächte im Wachen und richtete flehende Gebete an Gott. Wenn er eine Sünde begangen hatte oder was er dafür hielt, war er voller Gewissensbisse und erhoffte Vergebung. Er lehnte jede Bemühung ab, mehr Geld zu verdienen, als seine Familie brauchte, und dazu eine kleine Summe für die Wechselfälle des Lebens. Oft erwähnte er den Tod und zitierte Prophetensprüche über die Nichtigkeit der Welt und ihre Unerheblichkeit im Vergleich zu Gott ... Die Welt, die er kannte, war die Azhar-Universität, seine Moschee, seine Bücher und die Menschen in seiner Nachbarschaft, mit denen er Kontakt hatte. Was Politik anging, die Besetzung des Landes durch die Engländer, wirtschaftliche Angelegenheiten oder das gesellschaftliche Leben über die Nachbarschaft hinaus, so kannte er davon nichts. Er las keine Tageszeitungen, es sei denn, dass sie ihm zufällig in die Hände gerieten. Nur selten traf er mit Menschen zusammen, die über öffentliche Angelegenheiten redeten." Vergleichbare Beschreibungen könnte man auch aus dem Iran oder dem kolonialen Indien zitieren. Diese Haltung des Ignorierens all dessen, was über den engeren Bereich des täglichen Lebens hinausging, und einer starken und tief verwurzelten Religiosität fand sich in noch stärkerem Maße auf dem Lande. Auch heute noch ist diese Haltung in weiten Kreisen der islamischen Gesellschaften anzutreffen. Sie stellt eine spezifische Form von Traditionalismus dar, weil sie sich einer Veränderung der Welt und ihrem Wandel verschließt. Diese häufig quietistische Haltung überlässt das Handeln Aktivisten gleich welcher Couleur. Leider fehlen Zahlen über den Anteil von Vertretern dieser Haltung. Man wird aber davon ausgehen dürfen, dass es sich immer noch um eine Mehrheit handelt, die vor allem auf dem Lande lebt oder als Landflüchtige in den Städten ein kärgliches Leben fristet. Diese Gruppe bietet wohl kein Reservoir für den radikalen Islam.

Eine andere exemplarische Reaktion auf den Einbruch des Westens in die traditionelle islamische Welt stellt die Haltung von Rif'at al-Tahtawi (1801–1873) dar, der aus seiner Begeisterung für Frankreich keinen Hehl machte. Er war der geistliche Begleiter der ersten Gruppe von ägyptischen Stipendiaten, die in Frankreich seit dem Jahr 1826 eine Ausbildung erhielten. Über seine Erfahrungen in der französischen Hauptstadt schrieb er einen ausführlichen Bericht, in dem er z. B. über die französische Verfassung folgendes ausführt: „Das erwähnte Buch, in welchem dieser Kodex niedergelegt ist, heißt ‚Charte'. Das Wort bedeutet im Lateinischen ‚ein Blatt Papier' später wurde es dann in erweitertem Sinn auf das Dokument übertragen, in dem die genauen Gesetzesbestimmungen niedergelegt sind. Wir wollen dieses Dokument für den Leser anführen, wiewohl viel von seinem Inhalt weder im Buche Gottes noch in der Sunna des Propheten – über ihm sei Segen und Heil – zu finden ist, damit er erkenne, in welcher Weise ihre Vernunft entscheidet, dass Gerechtigkeit und Billigkeit Gründe für die Blüte eines Landes sind, und wie sich sowohl Herrscher wie Untertanen von dieser Erkenntnis leiten ließen, so dass ihr Land aufblühte, ihr Bildungsstand sich erhöhte, ihr Reichtum immer mehr anwuchs und allgemeine Zufriedenheit zu herrschen begann. Denn man wird nicht einen unter ihnen über ein Unrecht klagen hören. Gerechtigkeit ist die Grundlage zivilisatorischer Blüte." Eine solche völlig unkritische Haltung war nicht allgemein verbreitet, wenngleich sie von einer großen Zahl von muslimischen Intellektuellen geteilt wurde. Auch heute finden sich noch zahlreiche Muslime in aller Welt, die den Westen als eine vorbildliche Zivilisation sehen. Dies bedeutet nicht, dass sie einzelne Vorgänge und vor allem politische Handlungen des Westens nicht auch zum Teil heftig kritisieren. Ihre Grundeinstellung gegenüber den im Westen propagierten Normen und Regeln ist jedoch uneingeschränkt positiv; und verständlicherweise fordern sie von den westlichen Mächten, diese Normen auch im Verhalten gegenüber der islamischen Welt zu beachten. Sie sind offensichtlich aber so sehr mit dem Thema der Modernisierung ihrer Gesellschaft befasst, dass sie die grundsätzlichen religiösen und rechtlichen Probleme, die der Einbruch des Westens in die islamische Welt mit sich bringt, ignorieren. Doch schon die nächste Generation von muslimischer Beobachter des Westens und seines Umgangs mit der islamischen Welt sieht das anders. Daraus entwickelten sich auch radikalisierte und Reformgedanken zugetane Positionen.

Jamal al-Din al-Afghani

In der Mitte des 19. Jahrhunderts kam ein junger islamischer Rechtsgelehrter, der sich Jamal al-Din al-Afghani (1839–1897) nannte, in die britische Kolonie Indien. Über seine tatsächliche Herkunft wissen wir nur sehr wenig. Al-Afghani hat es stets vorgezogen, seine Umgebung, Freunde wie Feinde, über seine Herkunft, seine religiöse Zuordnung und seine Jugend im Unklaren zu lassen. Grund dafür mag gewesen sein, dass er seine schiitische Herkunft verbergen wollte, um sich seinen sunnitischen Zuhörern gegenüber nicht mit entsprechenden Vorurteilen zu belasten. Genauso kann die Ursache für diese Camouflage gewesen sein, dass seine Thesen von den Verwaltungsbehörden der Kolonialmächte mit kritischen Augen und auch mit polizeilichen Mitteln verfolgt wurden. Auch unter den muslimischen Eliten seiner Zeit hatte er seine Gegner und Feinde. Wie dem auch sein mag, in Indien traf al-Afghani auf eine politische Situation, die für ihn als bewussten Muslim nicht akzeptabel war. Indien hatte unter der Herrschaft der Mogul-Kaiser gestanden, einer muslimischen Dynastie. Damit war das Land als Teil der *‚dar al-Islam‘* (des islamischen Gebietes) anzusehen, in dem das islamische Recht durchgesetzt werden musste. Al-Afghnai musste aber alsbald feststellen, dass islamisches Recht zwar teilweise angewandt wurde, dass aber andererseits die politische Macht auch über die indischen Muslime von der britischen Kolonialmacht, also von Nicht-Muslimen, ausgeübt wurde. Diese Tatsache erschütterte ihn ganz erheblich; sah er sie doch im Widerspruch zu der Grundannahme aller Muslime, dass sich Gott eben diesen in einer letzten Offenbarung an die Menschheit zugewandt habe. Er sah die zweifelsfreie politische Schwäche der islamischen Welt als eine Konsequenz der Tatsache, dass die Muslime sich mehr und mehr von den Geboten Gottes entfernt hatten. Dies galt seiner Ansicht nach für den religiös-theologischen Bereich in gleicher Weise wie für den politischen. Daher kritisierte er die politische Zersplitterung der islamischen Welt in eine Vielzahl von Staaten, die sich darüber hinaus nicht selten kriegerische Auseinandersetzungen geliefert hatten. Natürlich sah al-Afghani die Überlegenheit der europäischen Mächte im technologischen und naturwissenschaftlichen Bereich, die zu ihrer politisch-militärischen Vormachtstellung entscheidend beigetragen hatte. Dabei interessierte ihn weniger, auf welche Weise und aus welchen Gründen es zu dieser westlichen Überlegenheit gekommen war. Viel wichtiger war die Beantwortung der Frage, auf welche Weise diese überlegenen Technologien von den Muslimen möglichst schnell erlernt werden konnten.

Al-Afghani sah als eine der Ursachen für die Schwäche der Muslime deren geistige Degeneration und Erstarrung an. Diese zeigte sich im religiösen wie im politischen Bereich. Als Basis des religiösen Selbstverständnisses der Muslime betrachtete Al-Afghani den Koran. Selbstkritisch musste er feststellen, dass die göttliche Offenbarung im Laufe der Jahrhunderte durch hypertrophe Kommentierung der Gelehrten zunehmend erstickt und die Beschäftigung mit dem Heiligen Wort immer stärker zu einem scholastischen Selbstzweck geworden war. Die zahllosen Kommentare, Subkommentare, Zusammenfassungen dieser Kommentare und die schier endlosen Auseinandersetzungen der Gelehrten um Nebensächlichkeiten hatten dazu geführt, dass die eigentliche Grundlage des Islams, eben der Koran, seine eigentliche Bedeutung verloren hatte. Darüber hinaus hatte der traditionelle islamische Wissenschaftsbetrieb kaum noch etwas mit dem tatsächlichen Leben der Muslime zu tun. Al-Afghani forderte zunächst und vor allem eine Rückbesinnung auf die Fundamente des Islams. In einem seiner Werke schrieb er: „Die erste Säule, auf der der Islam ruht, ist, dass die Vorstellung von der göttlichen Einheit den menschlichen Geist in Flammen setzt und ihn von der Schwäche der Illusion reinigt. Zu den wichtigsten Grundlagen des Islams gehört der Glaube, dass Gott einzigartig gegenüber allen Lebewesen ist, der alleinige Schöpfer der Wesen, die handeln, und der Wesen, auf die Handlungen ausgeübt werden (Anm. P.H.: gemeint sind damit alle Wesen und Dinge), und dass es eine Pflicht ist, alle Vorstellungen beiseite zu legen, dass Menschen oder leblose höhere oder niedere Körper irgendeinen guten oder schlechten Einfluss auf die Schöpfung haben könnten. Es ist notwendig, die Vorstellung beiseite zu legen, dass Gott jemals in menschlicher Gestalt oder der eines anderen Lebewesens erschienen ist, um Gutes oder Böses zu tun, oder dass diese heilige Wesenheit die äußersten Schmerzen (des Todes) oder in bestimmten Phasen Schmerzen der Krankheit erlitten hätte zum Nutzen irgendwelcher Geschöpfe." Mit diesen Worten richtete er sich eindeutig gegen christliche Vorstellungen von Gottessohnschaft und Inkarnation. Al-Afghani empfahl, den Koran unter dem Eindruck der westlichen Entdeckungen und neuen Technologien erneut zu lesen und sich nicht hinter den alten Kommentaren zu verstecken.

Dies war aber nicht der einzige Kritikpunkt, den al-Afghani vortrug. In aller Schärfe ging er auch mit den verschiedenen Formen der islamischen Volksreligion ins Gericht. Dabei kritisierte er in der gleichen Weise Heiligenverehrung und Gräberkult und fand sich dadurch in einer Position, die von den radikalen wahhabitischen Muslimen auf der arabischen Halbinsel schon früher vorgetragen worden war. Für al-Afghani stand bei seiner Kritik an der traditionellen islamischen Scholastik wie an der Volksreligion im Vordergrund, dass durch beide Phänomene die Einheit der islamischen Welt geschwächt wurde. Die verschiedenen, sich nicht selten widersprechenden Kommentare schwächten den Islam in seiner theologischen Einheit, und der Volksislam unterschied sich von Land zu Land, Region zu Region, ja von Dorf zu Dorf. Die Einheit des Islams ging darüber verloren. Ein wichtiger Aspekt war für ihn auch die Tatsache der Spaltung des Islams in zwei Konfessionen, Sunniten und Schiiten. Er war zwar nicht der erste islamische Denker der Neuzeit, der auf diesen Umstand und seine negativen Konsequenzen für die islamische Welt aufmerksam gemacht hatte, doch er verfolgte das Ziel einer Vereinigung der beiden Konfessionen mit besonderer Hartnäckigkeit.

Die Konsequenz, mit der al-Afghani das Motiv der Einheit des Islams verfolgte, machte auch nicht vor vergleichsweise weniger wichtigen Momenten halt. So beklagte er in lebhaften Worten, dass in verschiedenen Ländern der islamischen Welt keine einheitliche Sprache gesprochen werde. Daher hielt er es für einen großen Fehler der Osmanen, dass sie Arabisch nicht zur einzigen Amtssprache in ihrem Reich gemacht hatten. Bemerkenswert an dieser Einstellung ist, dass die Sprache bei ihm eher als ein kulturelles Phänomen und weniger in ihrer religiösen Bedeutung thematisiert wird. Dahinter steht al-Afghanis Auffassung, dass die Bestimmung des Menschen nicht ausschließlich die Verehrung Gottes ist, sondern auch die Bemühung um den Aufbau einer blühenden Zivilisation, die allen Menschen zum Nutzen dienen sollte.

Diese Einstellung und einige andere Äußerungen führten dazu, dass manche Muslime, aber auch einige westliche Beobachter al-Afghani für einen Agnostiker hielten. Eine solche Einschätzung mag auch einer der Gründe für die Polemiken gewesen sein, deren Ziel al-Afghani wegen seiner Kritik an den traditionellen Formen islamischen Geisteslebens gewesen ist. Er war fest davon überzeugt, dass die islamische Welt in der Lage sein werde, sich gegen die Aggressionen der westlichen Kolonialmächte zur Wehr zu setzen, wenn nur die geistige und politische Einheit wieder hergestellt worden sei. Die unter dem Namen ‚Panislam' oder ‚panislamische Bewegung' in die Literatur eingegangenen Ideen von al-Afghani führten in den politischen und militärischen Zentralen der europäischen Mächte zu beträchtlicher und lange andauernder Unruhe. In seiner Wirkung auf die damalige westliche Öffentlichkeit ist der Begriff des ‚Panislamismus' durchaus mit dem aktuellen Begriff des ‚Fundamentalismus' vergleichbar. Noch Mitte der 50er Jahre des 20. Jahrhunderts gehörte zu den Punkten, zu denen sich Kolonialbeamte in den französischen Kolonien in Westafrika in ihren Berichten äußern mussten, die Frage nach der Virulenz panislamischer Vorstellungen.

Al-Afghani hat nur wenige Schriften hinterlassen, aber große Wirkung gehabt. Er war ein begnadeter Agitator, der durch die islamische Welt ‚irrlichterte' wie es ein westlicher Beobachter formulierte. Zwischen Indien und Marokko warb er erfolgreich für seine Vorstellungen und fand Helfer, die seine Gedanken weitertrugen, sie aber auch fortentwickelten, in ihrer

Haltung gegenüber dem Westen auch verschärften und auf jeweils neue Gegebenheiten bezogen. Zu diesen Helfern gehörten der ägyptische Gelehrte Muhammad Abduh (1849–1905) und der syrische Publizist Raschid Rida (1865–1935), die zu den wichtigsten Gestalten der panislamischen Bewegung wurden.

Muhammad Abduh

Im Gegensatz zu al-Afghani war Abduh ein fruchtbarer Autor, der den Islam mit der Feder gegen westliche Angriffe verteidigte, in der gleichen Weise aber auch versuchte, dazu beizutragen, dass seine Religion in einer modernen Welt ihrer Aufgabe gerecht werden konnte. Er unterschied im Inneren der Religion zwischen den zentralen, unwandelbaren Bereichen und solchen, die von zeitlichen und räumlichen Bedingungen sowie von historischen Entwicklungen abhängig sind. Diese Unterscheidung kann als die dauerhafteste und wirkungsvollste Vorstellung von denjenigen bezeichnet werden, die Muhammad Abduh in die Debatte eingeführt hat. Abduh war der Meinung, dass der Islam eine einfache dogmatische Struktur habe, von der ebenso selbstverständliche verbindliche Normen abzuleiten seien. Er sah ihn als eine sehr vernunftbezogene Religion an. Damit wandte er sich gegen eine westliche Kritik, die diese Religion als irrational, emotional und spekulativ diskreditierte. Nach Abduhs Ansicht gründet der Islam in gleicher Weise auf Offenbarung wie auf Vernunft. Zwischen diesen beiden Grundlagen bestehe aber kein Widerspruch. Er sah es als möglich an, mit Hilfe des Verstandes zur Gotteserkenntnis zu gelangen und zumindest einige der göttlichen Eigenschaften, wie Macht, Schöpferkraft oder Willen, zu erkennen. Mit Hilfe der Vernunft sei auch zu erkennen, dass es ein Leben nach dem Tod geben werde und dass die Art dieses Lebens mit den Handlungen der Menschen während seiner Lebens auf der Erde in Zusammenhang stehe. Abduh war ferner der Meinung, dass sich aus der Vernunft ergebe, dass es eine Offenbarung durch Propheten geben müsse. Es sei nun allerdings nicht zu leugnen, das bei manchen Menschen die Verstandeskräfte nur unvollkommen ausgebildet seien, so dass ihnen manche prinzipiell durch die Vernunft zugänglichen Dinge dennoch verborgen blieben. Für sie habe sich Gott in seiner Güte in der Form der Offenbarung an die Menschheit gewandt. Die Offenbarung sei aber darüber hinaus notwendig, damit die Menschen die Dinge erkennen könnten, die ihnen allein durch die Vernunft nicht zugänglich würden. Zu diesen gehörten weitere göttliche Eigenschaften, die Art und Weise des Lebens nach dem Tod, die Vorstellung von einem Jüngsten Gericht, aber auch besondere Formen der Gottesverehrung. Nach Abduhs Ansicht bedürfen die Menschen einer Hilfestellung, um zu erkennen, worin das richtige Verhalten gegenüber Gott und den Menschen besteht. Diese Hilfe könne aber nur von einem Menschen kommen, weil nur durch diesen und nicht etwa durch andere Wesen eine Verständigung möglich sei. Für Abduh bestand kein Zweifel, dass der Prophet Muhammad eine solche Person gewesen sei. Zur Begründung führt er drei Argumente an: zunächst die Feststellung, dass Muhammad sich selbst als Prophet bezeichnet habe, weiter die Tatsache, dass sich die Botschaft des Propheten weit verbreitet hat und von vielen Menschen angenommen worden ist, und schließlich der Wundercharakter des Koran mit seiner wunderbaren Sprache und Gedankentiefe. Nach Abduhs Auffassung muss die Offenbarung Gottes an die Menschheit auch einmal zu einem Ende kommen, und zwar dann, wenn allen Menschen die Gelegenheit geboten worden ist, sie kennenzulernen und zu verstehen. Es zeige sich, dass der Koran in der Lage sei, alle Fragen, die sich aus der menschlichen Natur ergäben, und alle Fragen, die aus den Wechselfällen des menschlichen Lebens resultierten, befriedigend zu beantworten. Daher sei das Ende der Offenbarung mit dem Prophetentum Muhammads gekommen und weitere Botschaften Gottes an die Menschheit nicht mehr notwendig.

Die Basis jeder menschlichen Gesellschaft sollte nach Abduh die göttliche Offenbarung sein. Nach seiner Meinung ist die Gesellschaft ein System, das von gegenseitigen Rechten und Pflichten und der Anerkennung der Rechte des anderen zusammengehalten wird. Wie einige strenge islamische Gelehrte des Mittelalters, vor allem der Damaszener Ibn Taimiyya, unterschied Abduh zwischen den (verpflichtend vorgeschriebenen) Handlungen des Menschen gegenüber Gott und den Handlungen gegenüber den Menschen. Abduh stellt fest, dass der Koran präzise Aussagen über die Formen der Gottesverehrung enthält, während er in Bezug auf das Verhalten gegenüber den Mitmenschen größere Freiräume ermöglicht: Während die Muslime also hinsichtlich ihres Verhaltens gegenüber Gott keinen Interpretationsspielraum haben, können sie sich in ihrem Umgang mit anderen Menschen auf der Basis allgemein formulierter Normen nach den jeweiligen gesellschaftlichen, politischen, wirtschaftlichen oder kulturellen Gegebenheiten verhalten.

Die besondere Bedeutung, die Muhammad Abduh (und nach ihm noch zahlreiche andere muslimische Denker) der Vernunft zumisst, hängt nicht zuletzt mit ganz konkreten Kontroversen zusammen. Europäische Denker wie der französische Philosoph Ernest Renan hatten dem Islam Irrationalität und Intoleranz vorgeworfen, dem Christentum dagegen eine freundliche Haltung gegenüber den Wissenschaften und der Philosophie bescheinigt. Dies sah Abduh völlig anders. Aus seiner Sicht war das Christentum intolerant, vernunftfeindlich und jeder Form von wissenschaftlichen Untersuchungen gegenüber ablehnend eingestellt. Der Aufschwung, den Europa in wissenschaftlicher und technischer Hinsicht genommen habe, sei gegen den Widerstand des Christentums erreicht worden. Die europäischen Forscher hätten ja gerade das Christentum abgelehnt und das Prinzip des Materialismus zu ihrer Richtschnur genommen. Ziel seiner Argumentation gegen das Christentum ist es für Abduh, die technischen und naturwissenschaftlichen Entdeckungen und

Möglichkeiten der westlichen Moderne für die islamische Welt akzeptabel zu machen. Wenn diese Moderne nicht christlichen Ursprungs und ausschließlich als ein Produkt der menschlichen Vernunft zu betrachten war, dann konnte sie von Muslimen leichter akzeptiert werden; denn nach Abduhs Auffassung ist Vernunft ja ein zentrales Moment islamischen Lebens. Daher wandte er sich auch in aller Schärfe gegen die weit verbreiteten Formen islamischer Volksfrömmigkeit, die in enger Verbindung mit popularisierten Formen der islamischen Mystik standen. Dabei muss man davon ausgehen, dass noch in der ersten Hälfte des 20. Jahrhunderts die überwiegende Zahl der Muslime in der Welt mehr oder weniger intensiv mit einer oder mehreren der zahlreichen mystischen Ordensgemeinschaften verbunden waren, die es im Islam gibt und die das religiöse Leben im Alltag weitgehend bestimmten. Die Rituale dieser Gemeinschaften waren für die Teilnehmer häufig durch hochemotionale Erfahrungen und Ekstasezustände gekennzeichnet, die immer wieder Gegenstand der Kritik islamischer Reformer gewesen waren.

Muhammad Abduh setzte seine Begeisterung für moderne Technologien auch in seinen religiösen Schriften um. Dies gelang ihm besonders leicht in seinem Koran-Kommentar, den er in Fortsetzungen in der Zeitschrift ‚*al-Manâr*' (Der Leuchtturm) zu Anfang des 20. Jahrhunderts veröffentlichte. Für seine Form der Argumentation sei hier ein Beispiel angeführt: An verschiedenen Stellen des Korans ist von *Jinnen* die Rede. Dabei handelt es sich um Wesen aus Feuer, die für die Menschen in der Regel nicht sichtbar sind. Sie spielen auch heute noch im Volksglauben und in den magischen Vorstellungen vieler Muslime eine bedeutsame Rolle. Da diese Wesen für den Mensch nicht sichtbar sind, kann ein unvorsichtiger Mensch sie leicht verärgern, z. B. dadurch, dass er sie durch das Ausschütten von Wasser oder durch das Fortwerfen von Abfall stört. Schon frühislamische Vorstellungen nehmen an, dass sich die Jinnen für solche Belästigungen rächen. Dies kann z. B. dadurch geschehen, dass sie unerklärliche

Krankheiten verursachen. Abduh interpretierte nun diese Jinnen als Krankheitserreger in einem modernen Sinn. Für ihn war eine solche Interpretation ein Beleg für seine Ansicht, dass der Koran für alle Bereiche des menschlichen Lebens Erklärungen bereithalte. Es sei lediglich Sache einer aufgeschlossenen Lektüre des Korans, diese Erklärungen auch zu finden.

In der westlichen Literatur werden Männer wie al-Afghani oder Abduh gerne als Modernisten bezeichnet. Diese Kategorisierung beruht einerseits auf einer unscharfen Gleichsetzung von ‚Reform' und ‚Moderne' aber andererseits auch und besonders auf den Formen und Methoden der Koraninterpretation, die das Heilige Buch der Muslime als Quelle wissenschaftlicher oder technologischer Erkenntnisse verstanden wissen wollte. Westliche Beobachter haben diese Form der Auseinandersetzung mit dem Koran mit besonderem Interesse verfolgt und ihr eine wohl größere Bedeutung beigemessen, als ihr im Zusammenhang der islamischen Modernisierungsdiskussionen zunächst tatsächlich zukam. Bedeutsam für die weitere Geschichte des Islams im 20. Jahrhundert waren diese Reformer, weil sie die ersten waren, die sich intensiv mit dem Westen auseinandersetzten. In ihren Vorstellungen finden sich weiterführende grundsätzliche Fragestellungen und Haltungen, aber auch die folgenden Fehleinschätzungen und gedankliche Verkürzungen, die in der Folge viele muslimische Denker beschäftigt haben: Rückbesinnung auf den Koran und das Vorbild des Propheten in Verbindung mit einer zumindest teilweisen Ablehnung der geschichtlich gewachsenen Tradition; Ablehnung von volksreligiösen Praktiken mit mystischem Hintergrund und die mit dieser Einschätzung verbundene Missachtung von emotionalen Bedürfnisse der Gläubigen, die durch die Religion befriedigt werden können; aber auch das Interesse an naturwissenschaftlichen Erkenntnissen und technischen Errungenschaften, ohne dass die daraus resultierenden Entwicklungen bzw. Veränderungen im ethischen oder sozialen

Bereich in Betracht gezogen worden wären. Die Rückbesinnung auf die Zeit des frühen Islam öffnete aber auch das Tor zu einer Gedankenwelt, die sich in einer ‚rückwärts gewandten Utopie' verfing. Das Leben des Propheten und der frühen islamischen Gemeinde wurde verherrlicht und zum absoluten Ideal des islamischen Staates erhoben. Jede Abweichung von diesem Ideal war Frevel und führte in ein modernes Heidentum. Der Radikalismus im Islam tat mit diesen ‚Reformern' seine ersten Schritte.

Radikale Reform: die ‚Muslim-Brüder'

Die Anwendung von Zwang zur Durchsetzung bestimmter religiöser Vorstellungen wird von der Mehrzahl der Muslime abgelehnt. Die Religionsgeschichte hat jedoch immer wieder Phasen erlebt, in denen radikale Vertreter einer bestimmten religiösen Vorstellung versucht haben, ihrer Umwelt ihre Lehre durch die Anwendung von Gewalt aufzuzwingen. Dabei suchten sie im Bereich des Islam entweder die Hilfe des islamischen Staates oder sie bemühten sich, selber die staatliche Macht in die Hände zu bekommen, um dann ihre Vorstellungen durchzusetzen. Für das 20. Jahrhundert lassen sich auf regionaler, nationaler und gesamtislamischer Ebene eine Vielzahl von Organisationen finden, die durch ihr Erscheinen und ihre Aktivitäten zumindest zeitweise als radikal angesehen wurden. Die insgesamt erfolgreichste und einflussreichste Gruppierung dieser Art waren die *Ikhwân al-Muslimîn* (‚Muslimbrüder'). Sie wurde von dem ägyptischen Lehrer Hasan al-Banna (1906–1949) im Jahr 1928 gegründet. Die ideologischen Vorstellungen dieser Gruppierung sind in vielem mit den Lehren Muhammad Abduhs verwandt. Auch für sie ist der Islam die Religion der Vernunft. Sie sehen es aber auch als ihre Aufgabe an, durch persönliches und gemeinschaftliches Handeln eine Gesellschaft zu schaffen, in der das islamische Recht verwirklicht ist und in der auf dieser Grundlage allgemeine Gerechtigkeit herrscht.

Gut zehn Jahre nach ihrer Gründung formulierten die ‚Muslimbrüder' in zusammenfassender Weise ihre Ideologie. Sie stellten fest, dass der Islam dem Menschen ein vollkommenes System für alle Lebenssituationen biete. Dieser Islam beruht auf den geoffenbarten Aussagen des Korans und den Weisheiten der Prophetentraditionen und ist für alle Zeiten und an allen Orten gültig. Die *‚Ikhwân al-Muslimîn'* sprachen in diesem Zusammenhang von einer ‚islamischen Ordnung'. Hier liegt dann auch ein wesentlicher Unterschied zu Muhammad Abduh. Für diesen bestand eine ausreichende Übereinstimmung zwischen den Werten eines aufgeklärten Europa und des Islams als einer vernünftigen Religion, um einen gegenseitigen Austausch von kulturellen Gütern und Meinungen möglich zu machen. Für die ‚Muslimbrüder' ist Europa dagegen das abschreckende Beispiel für „gewinnsüchtigen Materialismus, militanten Fanatismus, verrottete Moral und Imperialismus". Gerade der letzte Begriff macht deutlich, dass der Islam der ‚Muslimbrüder' einen konkreten Feind hatte, den westlichen Imperialismus. Gegen die britischen und französischen Kolonialverwaltungen und ihre einheimischen Kollaborateure unternahmen die Mitglieder der *‚Ikhwân al-Muslimîn'* unterschiedlichste, auch gewalttätige Aktionen. Insofern kann man sie auch im Kontext der nationalen Befreiungskämpfe der 40er und 50er Jahre des 20. Jahrhunderts verstehen. Natürlich lehnten sie (und darin unterschieden sie sich von anderen Befreiungsbewegungen) auch die sozialistische und kommunistische Ideologie ab, weil sie deren atheistische Grundhaltung nicht akzeptieren konnten. So wird denn der Islam schon in der konstituierenden Phase der ‚Muslimbrüder' eine Art ‚dritter Weg' neben Sozialismus und Kapitalismus, der durchaus auch als eine Möglichkeit für nicht-islamische Staaten der ‚dritten Welt' betrachtet wird. Das Motto ‚weder Osten noch Westen' das die ‚Muslimbrüder' als erste formulierten, wurde seitdem zum Slogan muslimischer Radikaler in der gesamten islamischen Welt.

Dass sich die ‚Muslimbrüder' dennoch in der Defensive fühlten, wird aus der Tatsache deutlich, dass sie ihre Haltung glaubten verteidigen zu müssen. So sagen sie, dass die so genannten sozialistischen Länder ihre Ideologie hätten, der Westen die Ideologie der Demokratie und dass es daher das Recht der Muslime sei, ihre eigene Ideologie des ‚Islamismus' zu haben. So wie westliche oder sozialistische Bemühungen, ihre Ideologien zu exportieren, abgelehnt werden, konzentriert man sich bei der Verbreitung des ‚Islamismus' auf die islamische Welt und entwickelt keine Konzepte, die seine Propagierung z. B. in Westeuropa oder den USA zum Ziele haben. Dies muss insofern erstaunen, als der Islam von den ‚Muslimbrüdern' als das beste System überhaupt betrachtet wird, weil er die geistigen und materiellen Elemente des Lebens vereinige. Der Islam ist nach dieser Auffassung mehr als das europäische Christentum, das als eine Sammlung von Glaubenssätzen über das Jenseits und einige Riten angesehen wird. Der Islam umfasst für die Muslimbrüder Religion und Welt.

Die ‚islamische Ordnung' als Basis der muslimischen Existenz kann nach der Auffassung der Muslimbrüder in vier Artikeln zusammengefasst werden:

1. Die Glaubensüberzeugung ist die Grundlage der ‚islamischen Ordnung'. Zu ihr gehört die Überzeugung von der Existenz Gottes als des Schöpfers alles Seienden, von der Bindung zwischen Gott, Sein und Menschen, von einem diesseitigen wie jenseitigen Leben und von der Offenbarung des Willens Gottes durch die Prophetie.

2. Ständig neu bewusst werden diese Glaubensüberzeugungen durch die rituellen Pflichten gegenüber Gott. Den ‚Muslimbrüdern' geht es in diesem Zusammenhang vor allem um die gesellschaftlichen Implikationen der rituellen Pflichten. Sie sagen: „Die religiösen Pflichten beruhen auf dem Gedanken der gesellschaftlichen Zusammenarbeit unter den Gläubigen und den Menschen im Allgemeinen." Die sozialen Implikationen der Pflicht des Almosengebens liegen auf der Hand. Gleiches kann vom Gemeinschaftsgebet der Muslime am Freitag gesagt werden. Das Fasten im Monat Ramadan wird als „praktische sozialistische Erziehung" ver-

standen. Viele ‚Muslimbrüder' sehen das Fasten auch als eine Gelegenheit, mit den Hungernden in der Welt ganz konkrete Solidarität zu üben.

3. Ein weiterer Aspekt der ‚islamischen Ordnung' sind aus der Sicht der ‚Muslimbrüder' die Regeln, nach denen Menschen als Muslime, aber auch als Nicht-Muslime zusammenleben sollten. Die Kontroverse dreht sich nicht um die Frage, inwieweit solche Regeln, die aus dem Westen kommen, akzeptiert werden sollen, sondern darum, wie die traditionellen, gewohnheitsrechtlichen Praktiken, die auf dem Lande und in den traditionellen Wohnquartieren der islamischen Städte praktiziert werden, mit den islamischen Moralvorstellungen in Einklang gebracht werden können. Die ‚Muslimbrüder' bemühen sich, soziale Probleme als moralische Probleme aufzufassen. Damit können sie die religiösen Pflichten als gesellschaftliche Praxis betrachten. Gerade in diesem Bereich haben sich die ‚Muslimbrüder' ohne Zweifel große Verdienste um die Gesellschaft erworben. Sie haben die unterschiedlichsten sozialen Einrichtungen etabliert, angefangen von Kindertagesstätten bis hin zu Krankenhäusern und Rettungsorganisationen, die in der Regel effektiver arbeiten als die parallelen staatlichen Einrichtungen.

4. Einen letzten Aspekt der ‚islamischen Ordnung' stellt die Gesetzgebung vor allem in den Bereichen Familie, Wirtschaft und Staat (einschließlich des Strafrechts) dar, die eine gesellschaftliche Ordnung schaffen soll, die die Durchführung dieser moralischen Ordnung gewährleistet. Bei einem der Theoretiker der ‚Muslimbrüder' heißt es dazu: „Es ist bekannt, dass sich der Islam nicht auf die Glaubensüberzeugungen beschränkt, die er zu glauben auffordert und die Riten der Glaubenspflichten, deren Verrichtung er befiehlt, sondern er geht darüber hinaus und errichtet auf all diesem ein vollkommenes gesellschaftliches Gebäude, dessen Grundlage, dessen allgemeines Gerüst, dessen große Linien und allgemeine Orientierungen er den Menschen anbietet, manchmal auch deren Details."

Im Zusammenhang mit der islamischen Gesetzgebung ergeben sich dann auch die größten Probleme für die Theoretiker der ‚Muslimbrüder'. Beim islamischen Recht handelt es sich ja nicht um ein manchen westlichen Rechtssystemen vergleichbares Korpus von festgelegten Regeln zu allen vorstellbaren Einzelfällen, sondern um eine Methode, nach der rechtliche Fragen und Konflikte gelöst und beantwortet werden können. Es ist dabei nicht ausgeschlossen, dass verschiedene islamische Rechtsgelehrte in ein und derselben Frage zu unterschiedlichen Auffassungen (und damit auch zu differierenden Handlungsanweisungen für die Gläubigen) gelangen. Die ‚Muslimbrüder' und ihre radikalen Nachfolger verstehen unter dem islamischen Recht dagegen ein geschlossenes Rechtssystem, durch dessen Anwendung eine gerechte und Gott gefällige Gesellschaft entstehen könnte. Das Thema ist allerdings auch innerhalb der Gruppe umstritten. Einig ist man sich darin, dass es der Zweck des islamischen Rechts ist, die Religion, das Leben, den Verstand, den Besitz und die Nachkommenschaft der Muslime zu schützen. Auch für die *Ikhwân al-Muslimîn* ist oberstes Ziel des islamischen Rechts bemerkenswerterweise das Allgemeinwohl, aber auch der Fortschritt. Nach dieser Auffassung bezweckt der Islam das Wohl des Einzelnen innerhalb des Gemeinwohls. Um dieses Allgemeinwohl zu erreichen, können nach Auffassung der ‚Muslimbrüder' im Einzelfall Regeln des islamischen Rechts außer Kraft gesetzt werden, die im Allgemeinen als verbindlich gelten. So erklärte der ägyptische Muslimbruder Muhammad al-Ghazzali die vom islamischen Recht erlaubte Polygynie für verboten, um der Überbevölkerung des Landes am Nil Herr zu werden. Das bedeutet aber zugleich, dass in den Fällen, in denen sich die Frage des Allgemeinwohls nicht in dieser Weise stellt, die Regeln des islamischen Rechts wieder in Kraft treten. Damit ist auch unter den juristischen Bedingungen eines von den ‚Muslimbrüdern' dominierten Staates eine einheitliche Rechtsprechung nicht zu erwarten. Natürlich ist den ‚Muslimbrüdern' die Kritik bekannt, die von ihren muslimischen Gegnern, vor allem aber von westlichen

Beobachtern an einigen Entscheidungen der islamischen Rechtspraxis geübt wird. Dazu gehören vor allem die drakonischen Strafen wie Steinigung bei Ehebruch, die Amputation einer Hand bei Diebstahl usw. Zumindest einige Vertreter der ‚Muslimbrüder' verteidigen sich gegen eine so geartete Kritik auf folgende Weise: Der Islam erstrebt die Einrichtung einer vollkommenen Gesellschaft, zu der es dann auch gehört, dass niemand mehr ein Motiv für einen Diebstahl hätte. Erst wenn eine solche Gesamtsituation entstanden sei, würden diese Strafen anzuwenden sein.

Die Anwendung des islamischen Rechts gilt für die ‚Muslimbrüder' als entscheidendes Kriterium für den islamischen Charakter eines Staates. Für sie war die Trennung von Religion und Staat, wie sie in der Mehrzahl der Staaten der islamischen Welt durchgeführt ist, nicht akzeptabel. Die ‚Muslimbrüder' fordern allerdings keine theokratische Staatsform. Sie kennen durchaus die Vorstellung einer Volkssouveränität, wobei die Regierung jedoch nicht nur an den Willen des Volkes, sondern auch an die von Gott gegebenen Regeln des Islams gebunden ist. Wie das Volk jedoch repräsentiert werden sollte, ist unter den verschiedenen Theoretikern der ‚Muslimbrüder' umstritten. Gemeinsam war ihnen die Vorstellung, dass die Repräsentation durch das Prinzip der *schura* (Beratung) gewährleistet werden sollte. Dieser Begriff ist von modernen, liberalen islamischen Autoren gerne als Beleg dafür herangezogen worden, dass im Islam schon von Anfang an demokratische Prinzipien angelegt waren. Für die ‚Muslimbrüder' wurde die *schura* geradezu zum Inbegriff einer perfekten islamischen Herrschaftsform. Der Erfolg dieses von den ‚Muslimbrüdern' propagierten *schura*-Konzepts reichte weit über ihre eigenen Reihen hinaus in die Öffentlichkeit der verschiedenen islamischen Staaten hinein. Dies hängt nicht zuletzt mit der politischen Situation in den einzelnen Staaten zusammen, die in der Mehrzahl von Militärdiktaturen und durch andere Formen autokratischer Herrschaft regiert werden. Parlamentarische Demokratien in einem westlichen Sinn sind dagegen die Ausnahme. Dem Vorwurf mangelnder Demokratie konnte man also mit dem Hinweis auf die *schura* begegnen. Zugleich bietet dieses Konzept die Möglichkeit, eine eigene Form demokratischen Verhaltens zu propagieren und damit in besonderer Weise die eigene, spezifische nationale oder religiös-politische Identität zu betonen. In dieser ‚Beratung' sehen die ‚Muslimbrüder' sowohl die Repräsentation des Volkes wie die Einschränkung und Kontrolle der Regierung. Kritisch bemerkt dazu einer der besten westlichen Kenner der Gruppe, R. P. Mitchell: „Das Volk tritt stets als abstrakte Einheit auf, ungeschieden durch Interessen, Parteiungen und Dissens. Folglich kann die Repräsentation des Volkes nicht in einer quantitativen Vertretung pluraler Interessen bestehen ... Repräsentiert wird der geistige Gesamtwille des Volkes, seine Ewigkeitswerte, und nicht schäbige Partikularinteressen. Schon deshalb kann es sich nicht darum handeln, dass das Repräsentativorgan von Individuen – und sei es von allen Individuen – bestellt wird; denn diese würden notwenig von Partikularinteressen geleitet sein." Zunächst aber stehen die ‚Muslimbrüder' in der Tradition muslimischer Reformer, indem sie bestimmten Formen islamischer Religions- und Lebensauffassung den Krieg erklären. So lehnen sie jede Form von Inaktivität, Weltflucht, Schicksalsergebenheit und Fatalismus ab. Das Leben eines Muslims ist danach Kampf gegen das Laster und gegen die, die den Islam verfälschen. Dieser Kampf kann sich auch gegen Personen richten. So war es ein Mitglied der ‚*Ikhwân al-Muslimîn* , der auf den damaligen ägyptischen Präsidenten Nasser (Abd al-Nasir) einen erfolglosen Attentatsversuch unternahm, der Anlass zu einer langjährigen Verfolgung der Bruderschaft war. Aus der westlichen Perspektive der 50er und 60er Jahre waren die ‚Muslimbrüder' wirklich radikale Muslime. Sie nahmen für ihre Vorstellungen Verfolgungen, Hinrichtungen, Gefängnis und Exil auf sich. Ihre Vorstellungen von einem islamischen Staat waren für die neuen Eliten der islamischen Staaten nicht akzeptabel. Ein Teil der Muslime, die von den Gedanken der ‚Muslimbrüder' beeindruckt waren, wandte sich radikaleren Ideen zu.

Die Gedankenwelt des Sayyid Qutb

Zu den bemerkenswertesten und auch in Bezug auf die radikalsten Muslime einflussreichsten Denkern der ‚Muslimbruderschaft' gehört der Ägypter Sayyid Qutb (1906, hingerichtet 1966 wegen ‚Mitgliedschaft in einer terroristischen Vereinigung'). Er war ein begabter Intellektueller, der sich nach einem Aufenthalt in den USA zu einem strenggläubigen, aktiven Muslim wandelte. Einer seiner Gefährten berichtet: „Sein Aufenthalt in Amerika machte einen tiefen Eindruck auf ihn. Als er zurückkehrte, war er überzeugt davon, dass der materialistischen Zivilisation des Westens – wobei er den Kommunismus lediglich als eine logische extreme Konsequenz aus ihm sah – die grundsätzlichen menschlichen Werte fehlten. Diese materialistische Zivilisation würde die Menschheit zu spiritueller, sozialer und sogar physischer Vernichtung führen." Qutb wird von westlichen Beobachtern wie auch von manchen Muslimen als Prototyp eines radikalen, extremistischen islamischen Denkers betrachtet, der jeder Form von Moderne ablehnend gegenübersteht. Man findet bei ihm jedoch durchaus differenzierte Gedanken. Ausgehend von der oben referierten Erfahrung schreibt er: „Wenn die Seele in Einklang ist mit ihrer wahren Natur, wenn ihre Bedürfnisse und Notwendigkeiten erfüllt werden, wenn ihre konstruktiven Möglichkeiten freigelassen werden, dann wird sie leicht und ohne Zwang in natürlicher Harmonie mit dem Leben die höchsten Gipfel erreichen, für die sie bestimmt ist." Dieses Ziel ist nach seiner Ansicht in den Formen der westlichen Zivilisation nicht erreichbar. Denn die wahre Natur der Seele ist nur über den Glauben verstehbar. Zugleich bedeutet der Glaube, der islamisch als Unterwerfung unter den Willen Gottes verstanden wird, einen ersten Akt der Befreiung von der Unterdrückung durch andere Menschen. Ohne den Glauben ist der Mensch auch nicht in der Lage, seine Aufgaben in der Gesellschaft zu erfüllen. Wahre Menschen sind nur die, die sich im Frieden mit sich selbst befinden und im Frieden mit anderen. Menschen können nur dort zu Hause sein, wo sich auch die Gesellschaft und nicht nur die Einzelnen dem Willen Gottes, und zwar allein diesem Willen, unterwerfen. Nach Qutb unterschieden sich die Menschen von den Tieren durch ihren Intellekt und ihren Geist. Sie befinden sich aber in einem ständigen inneren Kampf zwischen der wahren geistigen Natur und der animalischen. „Wahre Freiheit ist die Freiheit von der Beherrschung durch die animalische Seite des Menschen. Sie ist die Freiheit von den Kräften, den Göttern, die den Menschen dazu bewegen, das zu tun, was immer er will, seine Begierden zu befriedigen, wie frivol sie auch immer sein mögen. Wahre Freiheit bedeutet angesichts der edlen Seite der Natur des Menschen die Freiheit für das innere Sein und die Kontrolle der niederen Aspekte der menschlichen Natur." Dies zu erreichen ist nach Sayyid Qutb die eigentliche Funktion von Religion. Für den Muslim öffnet nach diesen Vorstellungen die Offenbarung des Korans den Weg, Unwissenheit und Barbarei aufzugeben und sich um die wahren menschlichen Möglichkeiten zu bemühen.

Diese Vorstellungen von Sayyid Qutb mögen einem religiös nicht gebundenen Leser zunächst fremd erscheinen, aber nicht notwendigerweise bedrohlich. Wie viele andere Texte bieten sie aber die Möglichkeit von Interpretationen, die durchaus nicht im Sinne des Autors sein müssen, aber ihn als Gewährsmann für weitere, radikalere Überlegungen heranziehen. Man könnte aus den Gedanken von Qutb folgern: Der Westen ist ein System, das der wahren Natur des Menschen und seinen von Gott bestimmten Zielen im Wege steht. Daher muss gegen dieses Hindernis bei der Verwirklichung des Willens Gottes vorgegangen werden. Oder: Die Menschen im Westen bemühen sich nicht um den „inneren Kampf zwischen der wahren geistigen Natur und der animalischen". Daher werden sie animalisch und also Tieren ähnlicher als Menschen. Besonders problematisch sind in diesem Zusammenhang Formulierungen vom ‚wahren Menschen'; denn dies impliziert, dass es auch solche gibt, die keine ‚wahren Menschen' sind. Dass man als ‚wahrer Mensch' diesen gegenüber anders handeln kann als gegenüber seinesgleichen, ist die gedankliche Grundlage für jede Form von aggressiven Handlungen.

Sayyid Qutb stellt bei den Menschen in den westlichen Gesellschaften eine stetig wachsende Entfremdung fest: „Wenn das Gewissen und die Gefühle eines Menschen jedoch durch ein bestimmtes Gesetz bestimmt werden, sein tägliches Leben und seine täglichen Aktivitäten jedoch durch ein anderes, und wenn diese verschiedenen Gesetze aus verschiedenen Konzeptionen stammen, eines aus den menschlichen Vorstellungen und eins aus der göttlichen Inspiration, dann muss solch ein Mensch unter einer Art von Schizophrenie leiden." Das moderne westliche System, in dem diese Situation in einer mehr oder weniger ausgeprägten Weise die Praxis bestimmt, führt also nach dieser Auffassung zu einem pathologisch-krankhaften Zustand: der Entfremdung des Menschen von sich selbst.

Dieser Negativbegriff der Entfremdung wird in der Folge zu einem ständigen Topos all derjenigen islamistischen Denker, die durch Studienaufenthalte oder andere intensive Kontakte Erfahrungen mit der westlichen Welt gemacht haben. Diese tatsächliche Erfahrung machte sie dann zu einer Autorität für all die zahlreichen verunsicherten Jugendlichen in der islamischen Welt der 70er und 80er Jahre des 20. Jahrhunderts. Entfremdung ist einer der zentralen Begriffe aller revolutionären islamistischen Bewegungen der gegenwärtigen Epoche.

Daneben ist es der Freiheitsbegriff, der Sayyid Qutb besonders beschäftigt. Nach ihm bedeutet Freiheit, die Freiheit der Unterwerfung unter den Willen Gottes zu wählen. Manche Menschen sind dazu in der Lage. Andere aber sind zu stark abhängig von äußeren Bedingungen, wie sie z. B. durch soziale Institutionen entstehen, die nicht den göttlichen Normen entsprechen. Da diese Institutionen aber die wahre Freiheit des Menschen verhindern, muss gegen sie eine „totale Revolution" stattfinden. Sayyid Qutb wörtlich: „Die wahre Religion ist in der Tat eine universelle Deklaration der Freiheit des Menschen von der Versklavung durch andere Menschen und durch seine eigenen Begierden, die ja auch eine Art von Versklavung darstellen. Das bedeutet, dass Religion eine umfassende, totale Religion gegen die Souveränität des Menschen in allen ihren Typen, Formen, Systemen und Zuständen darstellen muss. Revolution revoltiert gegen jedes System, in dem die Autorität in irgendeiner Form in der Hand von Menschen liegt oder – mit anderen Worten – die der Mensch in irgendeiner Form usurpiert hat."

Die Konsequenzen aus dieser Analyse liegen auf der Hand. Die grundlegenden islamischen Prinzipien sind revolutionär. Islam ist Revolution gegen die Vergöttlichung von Menschen, gegen Ungerechtigkeit und gegen politische, wirtschaftliche, rassische und religiöse Vorurteile. Diese Prinzipien haben auch innerislamische Konsequenzen: Zu dem System der Unwissenheit und der Barbarei, gegen das aus der Sicht von Sayyid Qutb vorgegangen werden muss, gehören nämlich auch die sunnitischen Rechtsgelehrten, die sich seit der Omayyadenzeit bemüht haben, die Ansprüche von gottlosen Herrschern zu legitimieren.

Im Gegensatz zu der Mehrheit der Religionsgelehrten meint er, dass die Zeit des Propheten Muhammad nicht als einfach übertragbares Modell, wohl aber als Inspiration genutzt werden müsse. Wenn Tradition sich von den Wurzeln entferne, sei sie genauso zerstörerisch wie die Moderne. Schädliche Traditionen sind nach Sayyid Qutb solche, „die den Menschen daran hindern, klar zu sehen und den selbstverständlichen Weg zu finden, den ihnen Gott vorgezeichnet hat."

Sayyid Qutbs Freiheitsbegriff ist sicherlich reduktionistisch und in den möglichen praktischen Konsequenzen einer Unterscheidung zwischen den intelligenten und den weniger intelligenten Menschen problematisch. Seine grundsätzliche Ablehnung der bis dahin von islamischen Rechtsgelehrten vertretenen Positionen (mit der Begründung, sie seien korrupt gewesen) negiert zudem eine beeindruckende Tradition islamischer Theologie und Rechtsprechung. Weniger seine radikale Wortwahl (im Diskurs der sechziger Jahre des 20. Jahrhunderts war überall von der Revolution die Rede) als sein Absolutheitsanspruch ist ein Problem, weil der eine tiefgreifende Aggressivität in sich birgt.

Wie viele andere islamische Denker wehrt sich Sayyid Qutb dagegen, dass der Islam, wie er ihn fordert, als eine anti-moderne Bewegung angesehen wird: „Islam ist eine ununterbrochene Bewegung für den Fortschritt des Lebens. Er akzeptiert die vorhandenen Bedingungen einer bestimmten Zeit oder Generation nicht, noch rechtfertigt er sie oder verherrlicht sie, weil sie existieren. Die wichtigste Mission des Islams ist es, solche Bedingungen zu ändern oder zu verbessern und ständig Vorschläge für eine schöpferische und schaffende Bewegung für neue Formen des Lebens zu machen." Qutb lehnt also moderne Phänomene nicht rundheraus ab. Er ist sich der Bedeutung von Erscheinungen wie der Industrialisierung, ihrer technologischen Voraussetzungen und ihrer sozialen Folgen durchaus bewusst. Er weiß, wie wichtig wirtschaftliches Wachstum ist, um die Grundbedürfnisse der Menschen zu befriedigen. Für ihn ist es durchaus mit dem Islam vereinbar, wenn man sich wirtschaftlich betätigt und dabei erfolgreich ist. Er fordert aber auch ein soziales Netz, das die Schwierigkeiten, die aus derartigen Aktivitäten für die Gesellschaft entstehen können, abfedert; er duldet wirtschaftlichen Gewinn, spricht sich aber mit deutlichen Worten gegen Wucher, Betrug und Bestechung aus. Qutbs Antimodernismus ist als postbourgeois und postmodern bezeichnet worden, weil er einer universalen Vernunft aus rationalen Gründen skeptisch gegenüberstand. Aber auch als prämodern hat man ihn bezeichnet, weil er sich ganz auf Glauben und fundamentale Werte verließ. Die Werke von Sayyid Qutb sind auch nach seiner in Ägypten vollzogenen Hinrichtung in vielen Staaten der islamischen Welt immer wieder nachgedruckt worden. Das gilt auch für Staaten, die ansonsten eine sehr rigide Form der Zensur kennen. In Saudi-Arabien wurde sein Koran-Kommentar regelmäßig in Tageszeitungen als Fortsetzungsserie auch in englischer Sprache abgedruckt. Auch wenn der Einfluss von Sayyid Qutb auf das Denken gegenwärtiger Muslime bisher noch nicht genau untersucht worden ist, besteht kein Zweifel, dass er der wichtigste radikale Denker der modernen islamischen Welt ist. Seine Anhänger finden sich in allen Ländern und quer durch alle Schichten. In seinem Denken fanden zahlreiche junge Muslime, die von den korrupten Formen des offiziellen Islams in ihren Ländern abgestoßen waren, vielfältige Anregungen. Sie waren vor allem von seiner Vorstellung fasziniert, durch eine Revolution ein wahres islamisches System wiederherzustellen, wie es zur Zeit des Propheten existiert habe. In vielerlei Hinsicht könnte er als der wichtigste theoretische Vordenker auch der Selbstmordattentäter von New York und Washington betrachtet werden. Da bisher nur wenig über deren Vorstellungen bekannt ist, muß es freilich bei der Vermutung bleiben. Qutb ist aber der erste, der ein modernes westliches Konzept, das der Revolution, in einem islamischen Kontext verwendet. Der gewaltsame Umsturz der Verhältnisse setzt eine gewisse menschliche Autonomie voraus. Er fordert die Bereitschaft zur Aktion. Muslim ist nicht der, der eine Herrschaftsform akzeptiert, weil diese ja nicht existieren würde, wenn es gegen Gottes Willen wäre, sondern der, der die bestehenden ‚heidnischen' Verhältnisse verändert, und sei es mit Gewalt.

Abu l-Ala al-Maududi

Etwa zur gleichen Zeit, in der Hasan al-Banna die ‚Muslimbruderschaft' gründete, rief in Indien der Rechtsgelehrte Abu l-Ala al-Maududi die *Jama'at-i islami* (Islamische Gemeinschaft) ins Leben, die nicht zuletzt deshalb einen besonderen internationalen Einfluss gewann, weil al-Maududi einen erheblichen Teil seiner Publikationen auf Englisch veröffentlichte, damit ihn die Angehörigen der verschiedenen muslimischen Sprachgruppen in Indien auch verstehen konnten. Die Texte verbreiteten sich daraufhin weiter im gesamten britischen Commonwealth und angesichts der Verbreitung des Englischen als erster Fremdsprache auch darüber hinaus in vielen anderen Ländern. In seinen Schriften fordert al-Maududi die Gründung eines islamischen Idealstaates. Dieser Vorstellung entsprechend war auch die *Jama'at-i islami* organisiert. Ihr Oberhaupt sollte der *Amîr* (Befehlshaber) sein, der von einem Rat (*majlis al-schura*) gewählt und von diesem nach der Wahl beraten werden sollte. Ist die Wahl einmal erfolgt, hat der *Amîr* eine weitgehende Befehlsgewalt, die nicht mit einem Präsidialsystem verwechselt werden darf, da nur geringe Kontroll- oder gar Sanktionsmöglichkeiten hinsichtlich der Entscheidungen des *Amîr* vorgesehen sind. Wie die ‚Muslimbrüder' sah auch al-Maududi den Westen als die Kraft, die den Islam in seinen Möglichkeiten einschränkte und zu diskreditieren trachtete. So schrieb er: „Der Aktionsplan, der mir vorschwebte, war, dass ich zunächst die Umklammerung brechen wollte, die die westliche Kultur und die westlichen Ideen um die muslimische Intelligenz geschlossen hatten, und in diesen Intellektuellen das Bewusstsein entwickeln wollte, dass der Islam seine eigenen Lebensregeln hätte, seine eigene Kultur, sein eigenes wirtschaftliches und politisches System und eine Philosophie und ein Erziehungssystem, das allem, was der Westen zu bieten hätte, bei weitem überlegen sei. Ich wollte, dass sie das falsche Bewusstsein verlieren, dass sie hinsichtlich der Kultur und der Zivilisation irgend etwas von anderen zu übernehmen hätten." Maududi versuchte seine Ziele mit Hilfe seiner Partei, der *Jamâ'at-i islami*, politisch durchzusetzen. In dem komplizierten Parteiensystem Pakistan waren seine Möglichkeiten immer dann große, wenn die Partei Einfluss auf die politische Führung gewinnen konnte. Inzwischen ist sie eine bedeutende Kraft im politischen Spiel des Landes, die in der Lage ist, sich auf eine grosse Massenbasis zu stützen.

In vieler Hinsicht wirkten die Forderungen von al-Maududi rigoroser als die der ‚Muslimbrüder'. Wie sie trat er für eine strikte Trennung der Geschlechter ein, wollte aber auch Kino, Theater und die Künste verbieten, weil sie den wahren Muslim vom Islam ablenkten und daher als un-islamisch angesehen werden müssten. Angesichts der entsprechenden Vorschriften im Islam trat er für Privateigentum und gegen die Verstaatlichung von Produktionsmitteln ein. Aber gerade hier lässt sich auch zeigen, wie flexibel selbst so rigorose Organisationen wie die *Jama'at-i islami* mit solchen Vorgaben umgehen können, wenn es die Situation erfordert. Ende der sechziger Jahre des 20. Jahrhunderts erklärte die Organisation, dass sie für ein islamisches politisches und ökonomisches System kämpfe, dessen Ziel nicht wirtschaftliche Gleichheit, sondern wirtschaftliche Gerechtigkeit sei. Sie wollten dieses Ziel durch eine gerechte Verteilung der Reichtümer und durch die Schaffung gleicher Möglichkeiten für jeden erreichen. In der Frage der Landreform vermieden sie klare Formulierungen, da die entsprechenden Reformvorstellungen mit dem islamischen Erbrecht kollidierten. Die Möglichkeit, diesem Konflikt auszuweichen, bot die Überprüfung der Rechtmäßigkeit der Ansammlung von großem Immobilienbesitz. Immobilien, die durch unlautere Mittel erworben worden waren, sollten enteignet werden. Besonders intensiv forderte die *Jama'at-i islami* die Einrichtung eines Bank- und Versicherungssystems, das auf das Zinsverbot des Korans Rücksicht nimmt.

Innerhalb des Spektrums islamischer Parteien in Pakistan ist die *Jamâ'at-i islami* eine von mehreren. Die *Jam'iyyat-i Ulamâ-i Islâm* und verschiedene andere Parteien stehen zu ihr in Konkurrenz. Die Ideen Maududis haben vor allem unter dem Präsidenten Ziya ul-Haqq erheblich auf die praktische Politik Einfluss nehmen können. Mitarbeiter der pakistanischen Geheim- und Sicherheitsdienste waren von Maududis Vorstellungen beeindruckt. Auch in der Armee hat er zahlreiche Anhänger gefunden. Mögen andere Gelehrte in der aktuellen Situation auch stärker in der pakistanischen Öffentlichkeit wirken, die Ideen Maududi reichen tiefer und werden ihre Wirkung in den Köpfen so schnell nicht verlieren.

Koranschulen für afghanische Flüchtlinge

Unter der Herrschaft des autokratischen pakistanischen Präsidenten General Ziya ul-Haqq nahm der Einfluss der *Jama'at-i islami* auf die praktische Politik erheblich zu. Dies wirkte sich ganz augenscheinlich in der Anwendung der drakonischen Kapitalstrafen aus, die besonders in der westlichen Öffentlichkeit auf heftige Kritik stießen. Die Einflussmöglichkeiten der *Jama'at-i islami* auf die pakistanische Führung wurden durch andere islamistische Organisationen ergänzt, von denen die Organisation der Deobandi-Gelehrten, die *Jama'at-i ulamâ* (Gemeinschaft der Rechtsgelehrten), vor allem auf die afghanischen Taliban besonderen Einfluss gewannen. Die Gruppe der Deobandi geht auf eine indisch-islamische Reformbewegung zurück, die in der Stadt Deoband zu Beginn des 20. Jahrhunderts gegründet worden war. Auch sie wandte sich, wie andere Reformbewegungen, gegen jede Form von Volksislam und forderte eine neue Beschäftigung mit dem Koran und den Prophetentraditionen als der wichtigsten Quelle des islamischen Rechts. Nach der Gründung des Staates Pakistan für die muslimische Bevölkerungsgruppe des indischen Subkontinents im Jahre 1945 entstanden in verschiedenen Teilen des Landes *Medresen* (religiöse Schulen), die unter der Leitung von Deobandi-Gelehrten standen. Zu nennen sind hier vor allem die Zentren in Akora und Karatschi. Die Vertreter der Deobandi-Schule unterscheiden sich trotz der gemeinsamen reformerischen Herkunft in einem Maße voneinander, dass man kaum von einer einheitlichen Gruppe sprechen kann. Aus ihr ging der Islam eines Maududi genau so hervor wie der der Verfechter liberalerer Ideen. Schließlich finden sich auch Denker, die nur den Koran als Grundlage islamischen Rechts gelten lassen. Gleich welcher Position die Vertreter der Deobandi-Schule auch zustimmen, so sind sie doch alle außerordentlich aktiv, um ihre Vorstellungen zu verbreiten. Diese Form von Mission findet vor allem in von ihnen gegründeten Schulen statt, die teilweise zu großen Zentren mit vielen hundert Schülern und den für diese notwendigen Einrichtungen wie Schlafräumen, Mensen, Bibliotheken und Freizeiteinrichtungen ausgebaut wurden. Vor allem in den pakistanischen Provinzen, die an Afghanistan grenzen, entstanden zahlreiche dieser *Medresen,* die für die afghanischen Kriegsflüchtlinge, die nach dem Einmarsch der Roten Armee hier Zuflucht gesucht hatten, häufig die einzige Ausbildungsstätte wurden, die sie besuchen konnten. Eine nicht geringe Rolle für die Attraktivität der *Medresen* spielte dabei die Tatsache, dass ein großer Teil des dort tätigen Personals ebenfalls der in Afghanistan dominierenden Ethnie der Paschtunen angehörte. Den afghanischen Paschtunen war es daher schon aus sprachlichen Gründen sehr viel leichter, dem Unterricht zu folgen. Daneben war sicher auch von Bedeutung, dass die pakistanischen und die afghanischen Paschtunen über gemeinsame Wertvorstellungen verfügen. Die Deobandi-Schulen für die Afghanistan-Flüchtlinge wurden von der pakistanischen Regierung gefördert. Finanzielle Unterstützung erhielten sie auch durch einen nie versiegenden Spendenstrom aus Saudi-Arabien und den anderen Golfstaaten.

Die jugendlichen afghanischen Flüchtlinge befanden sich in einer sehr schwierigen Situation. Die Mehrzahl von ihnen stammte vom Lande. Die Verhaltensnormen, die sie dort erlernt hatten, waren ihnen als ‚islamische Normen' vermittelt worden, auch wenn es sich um Stammestraditionen handelte. In der Enge und dem Elend der Flüchtlingslager hatten viele dieser Normen an Bedeutung verloren. Dies galt vor allem für die Beziehungen zwischen den Geschlechtern. Stärker hervorgehoben wurden dagegen die Aspekte der afghanischen Stammestraditionen, die mit Kampf zu tun hatten und als *Dschihâd* interpretiert wurden. Angesichts der Auseinandersetzungen mit der Roten Armee und der nachfolgenden Bürgerkriege war das nicht verwunderlich. Viele der Heranwachsenden wurden, kaum dass sie dazu in der Lage waren, auch schon für die verschiedenen *Mujâhidîn*-Gruppen rekrutiert. In der *Medresen* der Deobandi stand das Studium des Korans im Mittelpunkt des Unterrichts. Dabei wurde auch hier vor allem auf die Teile des Heiligen Buches

Wert gelegt, in denen vom Kampf gegen die Ungläubigen die Rede ist. Für ein tieferes Eindringen in die Theologie des Islams blieb in der Regel keine Zeit.

Über zwanzig Jahre lang wurde also eine Generation von Muslimen ausgebildet, für die der Islam vornehmlich mit dem *Dschihâd*-Gedanken verbunden war und auch sonst einen starken fundamentalistischen Grundton hatte. Um den Bürgerkrieg in Afghanistan zu beenden, gründete der pakistanische Geheimdienst mit amerikanischer Unterstützung eine Miliz, die sich vornehmlich aus den *Medresen* rekrutierte. Diese Miliz der Studenten (*Taliban*) war auch durch die Unterstützung Pakistans und amerikanischer Ölfirmen in der Lage, die verschiedenen, untereinander verfeindeten afghanischen Bürgerkriegsparteien nach und nach zu besiegen, so dass sie Mitte 2001 ca. 90 Prozent des afghanischen Staatsgebiets mehr oder weniger eindeutig kontrollierte.

Der Islam der *Taliban* ist als literalistisch bezeichnet worden. Das bedeutet, dass der Text des Korans und der Prophetentraditionen ganz wörtlich genommen wird. Nun kann man ohne Interpretation der Texte kaum ein staatliches Gemeinwesen führen, dazu sind die entsprechenden Feststellungen und Hinweise des Koran und der Traditionen in der Mehrzahl der Fälle zu allgemein oder zu wenig präzise. Daher müssen auch die *Taliban* zum Mittel der Interpretation greifen. Sie wenden aber die jeweils strengsten Auslegungen der Texte an. Das gilt für die islamischen Kapitalstrafen genauso wie für die Stellung der Frau in der islamischen Gemeinschaft. Trotz kritischer Einwände gegen das Regime von islamischer wie von westlicher Seite dauerte die pakistanische und amerikanische Unterstützung der *Taliban* bis weit in die 90er Jahre an. Der Grund für dieses Verhalten waren wirtschaftliche Interessen. Es gibt große Mengen an Erdgas im nördlichen Afghanistan und in den benachbarten zentralasiatischen Republiken. Um dieses abzubauen und zu den Verladestationen transportieren zu können, waren stabile politische Verhältnisse in Afghanistan notwendig. Um eine entsprechende Situation zu erreichen, nahm man auch ein

Regime wie das der *Taliban* in Kauf. Für Pakistan war Afghanistan stets von großer strategischer Bedeutung. In seiner andauernden Auseinandersetzung mit Indien stellte das Nachbarland immer eine Flanke dar, die nicht gedeckt werden musste. Erst seit der Involvierung des Regimes in Kabul in den islamistischen Terrorismus rückten Pakistan und die amerikanischen Unterstützer von den *Taliban* ab. Inzwischen hatten diese aber schon eine so starke Position im Lande, dass es sicherlich langwieriger politischer und militärischer Bemühungen bedürfen wird, um die ‚Geister, die man rief' auszuschalten.

Dreißig Jahre Terrorismus – Die Ideen hinter der Gewaltentwicklung

Der Übergang von einem islamischen Fundamentalismus mit einem geschlossenen Weltbild und eindeutigen politischen Zielen hin zu einem islamistischen Terrorismus, wie er seit den 90er Jahren zu beobachten ist, geht auf Entwicklungen zurück, die auch mit terroristischen Aktionen nicht religiös motivierter Täter zusammenhängen. Erinnert sei an verschiedene Anschläge und Entführungen radikaler palästinensischer Organisationen, an die spektakulären Entführungen von Verkehrsflugzeugen oder das Attentat auf die israelische Olympiamannschaft bei den Olympischen Spielen 1972 in München. Auch die Bombenanschläge der deutschen Rote-Armee-Fraktion oder japanischer Terroristen sind in der islamischen Welt zur Kenntnis genommen worden. Teilweise bestanden Kooperations-Beziehungen zwischen den palästinensischen Aktivisten und diesen anderen Terror-Gruppen. Zumindest den palästinensischen Gruppen kann ein gewisser Erfolg ihrer Aktionen nicht abgesprochen werden. Sie brachten das Palästina-Problem auf die Tagesordnung der internationalen Politik. Islamisten konnten nicht akzeptieren, dass bei den Aktionen z. B. der ‚Volksfront zur Befreiung Palästinas' auch Frauen eingesetzt wurden. Man denke an die Flugzeugentführerin Laila Chaled, die zu einer Ikone auch der radikalen europäischen Linken der 70er Jahre wurde. Zu Beginn der 80er Jahre gab es sogar Frauen aus der radikalen palästinensischen Bewegung, die sich für Selbstmordattentate zur Verfügung stellten. Islamisten fühlen sich den Anhängern anderer ideologischer Vorstellungen immer überlegen. Wenn sich also Menschen, die nicht an das Jenseits glauben, für ein irdisches Ziel opfern, wie viel leichter muss es, aus islamistischer Sicht, einem Menschen fallen, der für ein höheres Ziel und mit der Gewissheit der Belohung im Jenseits den Tod in Kauf nimmt.

Betrachtet man die Entwicklung der gewalttätigen Aktivitäten, die auf muslimische Täter zurückgeführt werden, lassen sich eine Reihe von Merkmalen feststellen, die auch für andere Terrorformen der vergangenen Jahre bezeichnend sind. Sicherheitsexperten sprechen hier von „neuen Terroristen" im Unterschied zu „traditionellen Terroristen". Diese beiden Formen unterscheiden sich in vielen Bereichen erheblich voneinander. So sind die Organisationsformen der „neuen Terrorgruppen" kaum bestimmbar, während die „alten" Gruppen klare Formen und Strukturen hatten. Waren die „alten" Terrorgruppen hierarchisch organisiert, sind hierarchische Strukturen in den neuen Gruppen weniger stark ausgeprägt. Man spricht deshalb von „linearen" Organisationsformen. „Alte Terroristen" waren in kleinen bis mittelgroßen Gruppen organisiert, wobei sich ihr Rekrutierungsfeld auf bestimmte, feststehende soziale, ethnische oder konfessionelle Gruppen beschränkte. Die „neuen Terroristen" bestehen dagegen aus wenigen Einzelpersonen oder aus Kleingruppen. Sie verfügen aber dennoch über ein größeres Rekrutierungspotential, da sie ihre Anhänger auf einer internationalen Ebene ansprechen können. Dazu haben nicht zuletzt die großen Migrationsbewegungen der vergangenen vier Jahrzehnte beigetragen. Das Operationsgebiet der „alten Terroristen" war auf bestimmte Regionen oder auch auf ein einziges Land beschränkt. Die Angriffe der „modernen Terroristen" können auf der ganzen Welt stattfinden. Die Ziele der Attacken der „alten" Terrorgruppen waren in der Regel vorauszusehen. Es handelte sich um bestimmte Personengruppen, Mitglieder von ethnischen oder religiösen Gruppen, Angehörige von Sicherheitsbehörden, Politiker u. ä. Die Objekte oder Personen, die den „neuen" Gruppen als Angriffsziele dienen, sind weniger genau vorauszusagen oder zu identifizieren. Die „alten Terroristen" suchten ihre Opfer sorgfältig aus, die Opferzahlen waren daher entsprechend gering. Die „neuen Terroristen" nehmen höhere Opferzahlen nicht nur in Kauf, sie zielen auf solche höheren Verluste geradezu ab. „Alte Terroristen" bekannten sich durch am Tatort hinterlassene Bekennerschreiben oder auf andere Weise zu ihrer Tat. „Neue Terroristen" geben sich viel seltener zu erkennen. Querverbindungen zu anderen Gruppen oder gesellschaftlichen Schichten waren bei den „alten" Gruppen relativ wenig ausgeprägt. Bei den „neuen Terrorgruppen" finden sich zahlreiche Beziehungen zu Migrantengemeinden, legalen Geschäftsbereichen oder zur organisierten Kriminalität. Während „alte Terroristen" nur über geringe finanzielle Möglichkeiten verfügten und z. B. auf die Erpressung von „Beiträgen" oder „Schutzgebühren" angewiesen waren, verfügen die „neuen" Gruppen über sehr viel bessere finanzielle Möglichkeiten, z. B. durch die Möglichkeiten des weltweiten Kapitaltransfers und aus legalen oder (etwa im Fall von Rauschgift) illegalen Geschäften. Im Gegensatz zu den „alten Terroristen", deren Potential von den Sicherheitsbehörden als begrenzt angesehen wird, geht man in Bezug auf die „neuen Terroristen" von einem wachsenden Bedrohungspotential aus.

Legt man diese Unterscheidung zugrunde, kann auf die islamische Welt bezogen in den 70er und 80er Jahren von einem Terrorismus der alten Form gesprochen werden. Es seien im Folgenden zunächst dazu einige Beispiele angeführt, bevor wir auf die „neuen" Formen eingehen. Angesichts der verschiedenen Konfliktlinien, die in der islamischen Welt zwischen gesellschaftlichen und politischen Gruppen bestehen, kann hier nicht erschöpfende Auskunft über alle terroristischen Gruppen zwischen Algerien oder Nigeria und Malaysia oder Usbekistan gegeben werden.

Die radikalen islamischen Organisationen in Ägypten

Die letzen vier Wochen der Regierungs- und Lebenszeit des ägyptischen Präsidenten Anwar al-Sadat waren gekennzeichnet von dem Versuch, durch eine groß angelegte Verhaftungsaktion die innenpolitischen Gegner des Regimes auszuschalten. Waren es auch zunächst persönliche Gegner des Präsidenten und Mitglieder linker Gruppierungen, so richtete sich die Welle der Festnahmen doch in erster Linie gegen radikale islamistische Bewegungen. Diese religiös orientierten, in der Regel jüngeren Personen machten die überwiegende Zahl der Verhafteten aus. Nach al-Sadats eigenen Angaben waren bei 1194 der 1527 Festgenommenen deren radikale religiöse Aktivitäten, wie Zusammenkünfte zu gemeinsamem Gebet und radikalen Predigten, Verbreitung von radikal islamistischem Propagandamaterial, Unterstützung von gesuchten Glaubensbrüdern etc. der Grund der Verhaftung. Festgestellt wurde, dass es sich um verschiedene Gruppen handelte. Genannt wurden u. a. Namen wie *Amr bi-l-Ma'rûf wa-l-nahi an al-Munkar* (Das Gute befehlen und das Böse verhindern), *Al-Jihâd, Tawaqquf wa Tabayyun* (Halt und Erklärung), *al-Jam'iyya al-Shar'iyya* (Gesetzesgemeinschaft) und eine Gruppe, benannt nach dem radikalen Theoretiker Sayyid Qutb *al-Qutbiyun.* All diese Gruppen, die sich in ihren ideologischen Vorstellungen in der Regel nur in Nuancen unterscheiden, wurden in der ägyptischen Presse später unter dem dem Sammelbegriff der ‚*Gama'ât*' (Gruppen) zusammengefasst.

Unter den Radikalen befanden sich 467 Personen, die einer Gruppe mit dem Namen *al-Takfîr wa-l-higra* (Für heidnisch Erklären und Auswandern) angehört hatten. Diese Gruppe hatte im Jahr 1977 durch Entführungen und Bombenattentate auf sich aufmerksam gemacht. Der Name der Gruppe ist zugleich Programm und kann daher als Beispiel für die „alten Terroristen" in der islamischen Welt insgesamt dienen. Der Gruppe gehörten junge Männer, aber auch Frauen an, die ihrer sozialen Herkunft nach der unteren Mittelschicht zuzurechnen waren. In den meisten Fällen hatten sie ein technisches oder naturwissenschaftlichen Studium betrieben, das aber nicht alle zu einem erfolgreichen Abschluss gebracht hatten. In der Regel gehörten sie zu dem großen Heer der ägyptischen Arbeitslosen oder Unterbeschäftigten. Zu der Frustration infolge ihrer beruflichen Situation kamen die damit zusammenhängenden Probleme im persönlichen Bereich. Vor allem die jungen Männer klagten darüber, dass sie keine passende Frau finden konnten. Sie führten dies auf die allgemeine Sittenlosigkeit in Ägypten zurück. Sie stießen sich an der Art des Auftretens von Frauen in der Öffentlichkeit, wobei sie auch das Verhalten ihrer Kommilitoninnen an der Universität kritisierten. Vor allem die Massenmedien waren für sie Ziel verbaler Angriffe. Fernsehprogramme wie die amerikanische Fortsetzungsserie „Dallas“ stufte man als islamischen Moralvorstellungen schädliche, die Menschen verderbende Scheußlichkeit ein. Die daraus resultierenden moralischen Verfallserscheinungen, so die jungen Islamisten, machten es einem jungen Muslim fast unmöglich, ein anständiges muslimisches Mädchen für die Heirat zu finden. Wir haben es hier also beispielhaft mit der islamistischen Erklärung für ein tatsächlich vorhandenes soziales Problem in Ägypten und anderen islamischen Ländern zu tun. Aus einer Reihe von Gründen gibt es in diesen Ländern einen Männerüberschuss, der dazu führt, dass die vom islamischen Recht vorgeschriebenen Brautgelder Höhen erreicht haben, die auch von Heiratswilligen aus wohlhabenderen Familien nicht mehr ohne weiteres bezahlt werden können. Andere Probleme aus dem sozialen Bereich wie Arbeitslosigkeit, Wohnungsnot, schlechte medizinische Versorgung usw., die das Leben weiter Schichten der ägyptischen Bevölkerung kaum erträglich machen, wurden zumindest in den staatsnahen oder der Zensur unterworfenen ägyptischen Medien nicht angesprochen, spielten aber natürlich ebenfalls eine Rolle für die Entwicklung einer allgemeinen Unzufriedenheit und Abneigung gegenüber den etablierten Kräften des Landes.

Doch die Kritik der jungen Extremisten ging darüber hinaus. Sie stellten fest, dass die Medien sich zu viel mit nebensächlichen Themen wie z. B. Sport beschäftigten und zu wenig mit religiösen Fragen; all dies seien nur Hinweise dafür, dass Ägypten ein Land sei, in dem die gesellschaftliche und politische Praxis nicht mit den Vorschriften des Islams in Übereinstimmung stünden. Dies lasse sich leicht auch am Beispiel der Wirtschaft feststellen, wo ständig gegen das Zinsverbot des Korans verstoßen werde. Zu den Vorwürfen gehörten auch Nebensächlichkeiten wie die Tatsache, dass der ägyptische Staat den Verkauf von dem Muslimen verbotenen Genussmitteln wie Alkohol nicht nur nicht verbiete, sondern den Handel darüber hinaus auch noch selbst betreibe. All dies und noch manches andere reichte diesen jungen Islamisten als Beweis, dass Ägypten kein islamischer, sondern ein „heidnischer" Staat sei, dem Muslime keine Loyalität schuldeten. Daher stammt der erste Teil des Namens der Gruppe. *Takfîr* bedeutet, dass jemand zum „Heiden" erklärt wird. Angesichts der besonderen Bedeutung, die das Beispiel des Propheten Muhammad für alle Muslime hat, glaubten auch die Mitglieder der Gruppe *al-Takfîr wal-l-Higra,* auf Muhammads Leben Bezug nehmen zu müssen. Sie stellten fest, dass der Prophet seine heidnische Heimatstadt Mekka verlassen hatte, als er bemerken musste, dass er dort seinen Glauben nicht so leben konnte, wie es den Vorschriften Gottes entsprach. Diese *Hijra* (in ägyptischer Aussprache: *Higra)* vollzogen nun auch diese Radikalen. Sie brachen die Beziehungen zu ihren Familien und ihrem gesamten gesellschaftlichen Umfeld ab und zogen sich in Wüstengebiete westlich des Niltals zurück, wo sie einen „islamischen Staat" etablierten. Wie der Prophet, der alsbald nach seiner Auswanderung den *Dschihâd* gegen seine heidnische Vaterstadt aufgenommen hatte, begannen die Mitglieder von *al-Takfîr wa-l-Higra* nun ebenfalls mit einem *Dschihâd*, der sich gegen den ägyptischen Staat richtete. Man griff Kasernen und Kadettenschulen in Ägypten an und entführte einen ägyptischen Minister, der dabei unter ungeklärten Umständen ums Leben kam. Die Gruppe, in der es recht bald auch zu Aufspaltungstendenzen gekommen war, konnte von den Sicherheitsbehörden des Landes zerschlagen werden. Ihre Gedanken und Vorstellungen wurden jedoch in der ägyptischen Öffentlichkeit bekannt und wurden lebhaft und kontrovers diskutiert. Diese Diskussionen sollten offensichtlich einen pädagogischen Zweck erfüllen. Dem Regime von Anwar al-

Sadat war durchaus bewusst, dass man die Vorstellungen der Gruppe nicht totschweigen oder unterdrücken konnte. Es war deshalb Ziel einer Aufklärungskampagne, der Bevölkerung, vor allem aber der jungen Generation, zu verdeutlichen, dass die Ideen von *al-Takfîr wa-l-Higra* nichts mit dem Islam zu tun hätten. Die Verlautbarungen der Regierung wiesen darauf hin, dass man nicht Generationen von jungen Menschen an eine verbrecherische Ideologie verlieren wolle, und sprachen von einer großen pädagogischen Aufgabe. In diese Kampagne wurden vor allem religiöse Autoritäten des Landes eingebunden. Diese mussten sich durch die Ideen des Führers der Gruppe, Mustafa Shukri, besonders herausgefordert fühlen. Dieser hatte dem religiösen Establishment in Bausch und Bogen die Existenzberechtigung abgesprochen, indem er feststellte: „Wir akzeptieren nicht die Worte, die den Zeitgenossen des Propheten zugesprochen werden oder die Meinungen derjenigen, die sich im islamischen Recht auskennen oder den Konsens der Gelehrten oder andere Götzen wie den Analogieschluss. Wie kann denn das Wort eines Menschen die Quelle für die göttliche Rechtleitung sein?" Die Religionsgelehrten kündigten daraufhin an, alle Anstrengungen zu unternehmen, stärker auf die Alltagsprobleme der Muslime in Ägypten einzugehen. In der Tat hat die Zahl der Veröffentlichungen von *Fatwas*, die sich mit Fragen wie künstlicher Befruchtung, Versicherungswesen, ja selbst mit Modefragen befassten, seit den 70er Jahren erheblich zugenommen. Zunächst konnten die islamistischen Gruppen in Ägypten jedoch nicht zurückgedrängt werden. Im Jahr 1981 fiel Präsident Sadat selbst dem Anschlag eines islamistischen Täters zum Opfer. Seit dem Beginn der 90er Jahre ist es den äygptischen Sicherheitskräften jedoch nach und nach gelungen, den islamistischen Terrorismus zurückzudrängen. Dazu musste allerdings eine hoher personeller und materieller Aufwand getrieben werden. Angesichts des erheblichen Fahndungsdrucks sind etliche Aktivisten der Terrorgruppen ins westliche Exil, in den benachbarten Sudan, vor allem aber nach Afghanistan ausgewichen, wo sie sich u. a. der Organisation Bin Ladens anschlossen. Auch dies zeigt: Der Konflikt innerhalb eines Staates blieb nicht auf diesen selbst beschränkt und bestimmt in der Folge bis heute die aktuelle Weltsituation mit.

Der Glaube der Dschihâdisten

Die ausführlich formulierten Motive der Tätergruppe des Attentats auf Anwar al-Sadat wurden in der internationalen Öffentlichkeit bekannt. Man kann davon ausgehen, dass der Text, möglicherweise in unterschiedlichen Versionen verbreitet, auch in islamistischen Kreisen in der ganzen Welt diskutiert worden ist. Für viele Radikale wurde er zu einem zentralen Dokument ihrer Überzeugungen. Zumindest zu den geistigen Vätern dieser Texte zählte auch Ayman al-Zawahiri, der heute zu den engsten Mitarbeitern von Usama bin Laden gehört. Die Verlautbarungen, die unter dem Namen *al-Farîda al-ghâ'iba* (Die vernachlässigte Glaubenspflicht) bekannt sind, bieten auch nach 20 Jahren ein sehr genaues Bild von den Überzeugungen der islamistischen Terroristen. Darum soll an dieser Stelle ausführlich darauf eingegangen werden.

In einem ersten Kapitel beklagen die Verfasser, dass die Glaubenspflicht des *Dschihâd* unter den Muslimen mehr und mehr in Vergessenheit geraten sei. Dazu hätten zahlreiche Religionsgelehrte beigetragen, die z. B. das Studium und die Suche nach Wissen als *Dschihâd* bezeichnet hätten. Dabei gebe es doch zahlreiche Prophetenüberlieferungen, nach denen die heidnischen Götzen nur durch den militanten *Dschihâd* zerstört werden könnten. Die Götzen des 20. Jahrhunderts seien die Herrscher und Regierungen dieser Zeit. Die Schaffung eines islamischen Staates sei notwendig. Auch dazu wird auf die entsprechenden Aussprüche des Propheten verwiesen. So wird berichtet, dass ein Mann sich in Gegenwart des Propheten zum Islam bekannt habe, dann in die Schlacht gezogen und dabei sogleich getötet worden sei.

Der Prophet habe darauf gesagt: „Seine guten Taten sind nicht zahlreich, aber seine Belohnung ist groß." Die Autoren der *Farîda* meinen, jeder solle das für den Islam tun, wozu er geeignet sei: Wer beten können, müsse beten, wer fasten könne, müsse fasten. Ungesagt bleibt, dass der, der kämpfen könne, kämpfen müsse. Im Übrigen ist eine hier vorgetragene Tradition von besonderem Interesse, nach der der Prophet die Eroberung von Konstantinopel und Rom durch muslimische Heere vorausgesagt habe. Der Kommentar der Verfasser dazu ist kurz und bündig: „Die Eroberung von Konstantinopel ereignete sich mehr als 800 Jahre nach der Voraussage des Propheten, also wird auch die Eroberung von Rom stattfinden." Die Notwendigkeit der Bildung des eines wahrhaft islamischen Staates werde von etlichen Muslimen bestritten, obwohl der Koran selbst dies an verschiedenen Stellen vorschreibe. Darüber hinaus wird festgestellt: „Wenn die religiösen Pflichten des Islams nicht vollständig erfüllt werden können ohne die Unterstützung eines islamischen Staates, dann ist es eine religiöse Verpflichtung, einen solchen Staat zu errichten. Wenn solch ein Staat nicht ohne Krieg errichtet werden kann, dann ist auch dies religiöse Verpflichtung für den Muslim." Wie schon frühere Gruppen sind auch die Verfasser der *Farîda* der Ansicht, dass Ägypten kein islamischer Staat ist. Sie gehen aber noch einen Schritt weiter: Sie stellen nämlich fest, dass die Herrschenden in diesem Staat keine Muslime sind, obwohl sie über Muslime herrschen. Ihnen wird zwar nicht abgesprochen, dass sie als Muslime geboren wurden; aber sie werden als Apostaten angesehen, d. h. als Menschen, die vom Islam abgefallen sind und daher mit dem Tod bestraft werden müssen. Beweise für die Apostasie sind aus der Sicht der Islamisten, dass die Regierung mit den „Kreuzfahrern" (ein verächtlicher Ausdruck für den „Westen") sowie mit Zionisten und Kommunisten zusammengearbeitet habe. Die Autoren kommen zu dem Fazit: „Sie (Sadat und seine Anhänger) haben nichts vom Islam außer dem Namen in sich aufgenommen, auch wenn sie beten, fasten oder so tun, als ob sie Muslime seien." Während im Mittelalter Muslime zeitweise gezwungen waren, unter mongolischem Gesetz zu leben, geht es den Muslimen im 20. Jahrhundert noch schlechter. Das mongolische Gesetz sei eine Mischung aus mongolischem, jüdischem, christlichem und muslimischem Recht gewesen. „Es ist kein Zweifel, dass das mongolische Gesetz weniger sündhaft war als die Gesetze, die der Westen Ländern wie Ägypten aufgezwungen hat, Gesetze, die keine Beziehung zum Islam oder zu einer anderen offenbarten Religion haben." Den Autoren der *Farîda* waren selbstverständlich die Gegenargumente geläufig, die zu belegen suchten, dass Ägypten trotz allem ein islamischer Staat sei. Sie gehen daher auf diese Argumente ausführlich ein. Sie geben zu, dass es in Ägypten häufige und tiefe Frömmigkeit gebe, dass karitative islamische Organisationen tätig seien oder dass es die Möglichkeit einer religiösen Erziehung gebe. Gemäßigte Muslime sind der Meinung, dass sich die unzweifelhaften Probleme der islamischen Welt dann auflösen würden, wenn die Muslime sich im privaten Leben den Vorschriften des Islams entsprechend verhielten. Die Antwort macht deutlich, dass den Verfassern der *Farîda* Formen privater Frömmigkeit und Erfüllung der üblichen Glaubenspflichten weniger wichtig erscheinen als die Pflicht zum *Dschihâd*, die sie zur höchsten Pflicht der Muslime stilisieren. Wer dieser Pflicht nachkommt, ist der wahre Muslim. (Um die Aktualität dieser Haltung deutlich zu machen, sei darauf hingewiesen, dass die Attentäter von New York am Abend vor ihrer Tat in einer Bar größere Mengen Alkohol zu sich genommen haben sollen. Solche „kleinen Sünden" stellen aus der Sicht der Muslime, die den *Dschihâd* in den Mittelpunkt ihrer Religion stellen – man könnte sie als *Dschihâdisten* bezeichnen –, nur geringe Verfehlungen dar, die durch den Opfertod gesühnt werden.) Auf das Argument der Bedeutung von Erziehung für einen guten Muslim gehen die Autoren zunächst nicht ein. Auch andere radikale Muslime haben die im Islam stets betonte Bedeutung von „Wissen" in der Regel nicht zur Kenntnis genommen. Erst später stellen sie fest, dass die Suche nach Wissen eine religiöse Pflicht des

Muslims sei. Wie er aber bei der Suche nach Wissen nicht das Gebet oder Fasten vernachlässigen dürfe, so dürfe er auch die Verpflichtung zum *Dschihâd* nicht unbeachtet lassen.

Nun haben sich in verschiedenen islamischen Ländern islamische, ja islamistische politische Parteien gebildet, die auf legale und friedliche Weise versuchen, der Errichtung eines islamischen Staates näher zu kommen. Einige von ihnen sind nur halb-legal wie die ‚Muslimbrüder' in Ägypten, andere legal wie die *Jam'iyyat-i Ulamâ'-i Islâmi* in Pakistan. Von Vertretern solcher Parteien wird immer wieder auch darauf hingewiesen, dass Muslime ihr Bestes tun sollten, um einflussreiche Positionen in der Gesellschaft zu erlangen. Die Argumentation: Wenn es mehr muslimische Ärzte, Rechtsanwälte oder Professoren geben würde, dann würde das bestehende Regime von allein zu Grunde gehen und ein islamischer Staat entstehen. Zwar geben die *Dschihâdisten* im Blick auf solche Argumentation zu, dass dies besser sei, als gar nichts zu tun, sie weisen aber auf die Gefahr hin, dass die Parteipolitiker von islamischen Parteien gezwungen sein könnten, auch Gesetzen zuzustimmen, die als nicht-islamisch zu betrachten seien. Vor allem aber würden sie mehr und mehr dem politischen Spiel verfallen und den Islam vergessen. Sie würden zu Opportunisten, die nur noch für ihre Posten kämpften. Eine evolutionäre Entwicklung – auch durch Propaganda und Missionierung – hin zu einem islamischen Staat wird von den *Dschihâdisten* für unmöglich gehalten, weil sie der Meinung sind, dass dieser nur von einer Minderheit gegründet werden könne. Dabei beziehen sie sich auf eine Stelle im Koran, wo davon die Rede ist, dass sich nur wenige Gott gegenüber als dankbar erweisen. Die aus diesen Äußerungen deutlich werdenden elitären Vorstellungen müssen ebenfalls als typisch für radikale Gruppen im Allgemeinen konstatiert werden. Man kann davon ausgehen, dass u. a. die damit verbundene Exklusivität verhindert hat, dass eine breitere Basis für die *Dschihâdisten* entstehen konnte.

Die Frage der islamischen Mission beschäftigt die *Dschihâdisten* besonders. Dabei werden einige weitere interessante Vorstellungen deutlich. Nach der Mehrheit der islamischen Gelehrten kann das islamische Recht nur bei Muslimen Anwendung finden. Daher müsse man dafür sorgen, dass alle Menschen in einem Land Muslime werden und dann die Einführung des islamischen Rechts durchsetzen. Anders die *Dschihâdisten*: Da gegenwärtig heidnische Gesetze auf Muslime und Heiden in gleicher Weise angewandt werden, sollte in einem islamischen Staat das islamische Recht auf Muslime wie auf Heiden angewendet werden, zumal das islamische Recht ja Gerechtigkeit in jeder Hinsicht bedeute.

Die *Dschihâdisten* lehnen auch die *Higra*-Strategien ab, wie sie die Gruppe *al-Takfîr wa-l-Higra* verfolgt hat. Sie nennen den Rückzug in unbewohnte Gebiete lächerlich, vor allem aber nicht effektiv. Das *Higra*-Konzept hat aber – so paradox es klingt – eine größere Realitätsnähe: Die Vertreter dieser Position waren sich offenbar bewusst, dass sie kaum in der Lage sein würden, ganz Ägypten unter ihre Kontrolle zu bringen. Mit der Gründung einer kleinen Gemeinschaft außerhalb des gesellschaftlichen und politischen Kontextes in Ägypten haben sie immerhin einen praktischen Ansatz zur Realisierung ihrer Utopien entwickelt. Besonders konkret sind dagegen die Überlegungen der *Dschihâdisten* in der Frage der Umsetzung ihrer Ziele nicht. Nach allem, was bekannt ist, haben sie keine konkreten Pläne oder gar Vorbereitungen für den Aufbau eines islamischen Staates entwickelt. Sie waren offenbar der Meinung, dass Gott nach dem erfolgreichen Attentat auf den ägyptischen Präsidenten direkt eingreifen werde, um für die Durchsetzung seines Willens, also der Errichtung des islamischen Idealstaates, zu sorgen.

Ein anderer wichtiger Diskussionspunkt in der *Farîda* der Sadat-Attentäter ist die Frage nach der Führung im *Dschihâd*. Es hatte zumindest einige Gegner der *Dschihâdisten* gegeben, die den bewaffneten Kampf mit dem Hinweis abgelehnt hatten, dass es keinen Kalifen gebe, der allein den *Dschihâd* ausrufen dürfe. Dagegen wird festgestellt, dass der Prophet einmal gesagt habe: „Wenn drei von euch ausrücken, macht einen von ihnen zum Führer." Führer solle also immer der Kompetenteste sein, und zwar kompetent in seiner Religion, aber auch in der Kriegsführung. Die übrigen Mitglieder einer derartigen Kampfgruppe sollten sich dem Führer durch einen heiligen Eid verpflichten. Man kann davon ausgehen, dass die Entwicklung von terroristischen Netzwerken, wie man sie hinter den Attentaten vom 11. September 2001 vermutet, dieses Führungskonzept zur Grundlage haben.

Die Belohnung für den Opfertod im Kampf durch den unmittelbaren Eingang ins Paradies ist hinlänglich beschrieben worden. Die *Dschihâdisten* der *Farîda* fügen hier einen interessanten Gedanken an. Sie geben zu, dass die Vorstellung des Glücks im Jenseits gerade für jene eine besondere Anziehungskraft besitze, die im Diesseits keine weiteren Hoffnungen auf Glück oder auch nur Zufriedenheit haben. Die Tatsache, dass in der Vergangenheit die Pflicht des *Dschihâd* von Gelehrten und anderen nicht ernst genommen und daher auch nicht propagiert worden sei, habe die ärmeren Muslime also der Möglichkeit des Glücks im Jenseits beraubt.

In der Folge gehen die Verfasser der *Farîda* auf eine Reihe von rechtlichen, aber auch ethischen Problemen im Zusammenhang mit der praktischen Durchführung des *Dschihâd* ein. So sind sie der Meinung, dass man im *Dschihâd* unter bestimmten Umständen auch Glaubensbrüder töten dürfe. So sei es möglich, gegen ein Heer zu kämpfen, das zumindest teilweise aus Muslimen besteht. Die *Dschihâdisten* können sich bei der Beantwortung dieser Frage auf mittelalterliche Religionsgelehrte berufen, die festgestellt hatten, dass es Muslimen erlaubt sei, gegen Heere zu kämpfen, in deren Reihen sich auch Muslime befänden. Daher brauchen sie sich über diese Frage keine weiteren Gedanken machen. Auch die Frage, welche Waffen oder welche Taktik man im *Dschihâd* benutzen dürfe, stellt kein größeres Problem dar. Im Dschihâd darf man nach Meinung der *Dschihâdisten* zu jeder Form von Kriegslisten und Täuschungen greifen, es sei denn, man hat zuvor einen Waffenstillstandsvertrag mit den Gegnern abgeschlossen. „Es ist aber allgemein bekannt, dass zwischen uns und ihnen (hier die ägyptische Regierung) keine solchen Vereinbarungen bestehen. Es ist selbstverständlich gestattet, aus religiösen Gründen zu lügen, wenn dadurch der Sache des Islams gedient ist. Dies gilt natürlich auch für die Unterhaltungen mit Spionen des Feindes oder für Verhöre." Da weder im Koran noch in den Prophetentraditionen Vorschriften bezüglich der Strategien oder Gefechtstaktik bestehen, fühlen sich die *Dschihâdisten* frei in der Wahl der strategischen und der taktischen Mittel.

Von Bedeutung ist auch die Frage, ob Muslime in einem heidnischen Heer Dienst tun dürfen. Im ägyptischen Kontext war das sicher ein Problem, da radikale Islamisten als einfache Soldaten und Offiziere in der Armee des Landes dienten. Es ist nicht ausgeschlossen, dass viele von ihnen daran dachten, aus religiösen Gründen Fahnenflucht zu begehen, weil sie sich als isoliert, frustriert und nutzlos empfanden. Die *Farîda* ermahnt sie, auf ihren Posten zu verweilen, auch wenn sie nicht wüssten, warum sie bleiben sollten, oder wenn dieses Bleiben zu ihrem eigenen Tod führen würde.

Ein anderer Punkt, der behandelt wird, ist die Frage, ob man im *Dschihâd* den Feind ohne Warnung angreifen dürfte. Die Relevanz dieser Frage ist offensichtlich. Das islamische Recht hält es für „empfehlenswert", den Feind zu warnen. Es ist aber nicht obligatorisch. Die *Dschihâdisten* schließen daraus, dass die Gegner auch ohne Warnung angegriffen werden dürfen. Ein besonderes Problem stellt auch die Frage dar, inwieweit Kinder oder andere Unschuldige durch die Angriffe der *Dschihâdisten* in Mitleidenschaft gezogen werden dürften. Die *Dschihâdisten* können sich dabei auf eine Prophetentradition beziehen, die aussagt, dass die Kinder von Heiden den gleichen Regeln unterworfen sind wie die heidnischen Väter. Mit anderen Worten: Auf Unschuldige muß keine Rücksicht genommen werden. Allerdings sollten Frauen nicht angegriffen werden. Dies steht im Widerspruch zu den voraufgehenden Feststellungen, ist auch nur schwer nachzuvollziehen, muss aber zunächst zur Kenntnis genommen werden.

Besondere Bedeutung hat für die Autoren der *Farîda* auch die Frage der Auswahl der Aktivisten. Auch hier wird wieder das Elitebewusstsein der *Dschihâdisten* deutlich. Mehrfach wird darauf hingewiesen, dass man höchste Sorgfalt dabei walten lassen müsse. Niemand sollte vor allem für Führungspositionen ausgewählt werden, der eitel ist und gerne von anderen bewundert wird. Bei diesen Menschen bestehe zu sehr die Gefahr, dass sie die eigenen Männer schädigen und der Sache des Islams Schaden zufügen.

Die Ideologie der *Gama'at islamiyya,* wie sie sich in der *Farîda* darstellt, ist (noch) kein vollständiges System. Vor allem fehlen ihr die Praxisbezüge über den Bereich des *Dschihâd* hinaus. Sie ist eklektizistisch, indem sie von den verschiedensten islamischen Rechtsgelehrten des Mittelalters Gedanken und Argumentationslinien ausborgt, andere Äußerungen der gleichen Personengruppe aber aus unterschiedlichen Gründen strikt ablehnt. Dies geschieht immer dann, wenn die Haltung der mittelalterlichen Gelehrten nicht in das allgemeine, einseitige Konzept der *Dschihâdisten* einzufügen ist. Hierin liegt wahrscheinlich auch die Attraktivität der Ideologie der *Farîda* für junge, religiös nicht ausgebildete, aber auf der Suche befindliche junge Menschen, die sich von dem propagierten Aktionismus des *Dschihâd* besonders angezogen fühlen. Auffällig ist das Fehlen jeglicher Form weitergehender Konzepte für die Ausgestaltung eines konkreten islamischen Staates. Die Frage, wie dieser Staat mit anderen Staaten der Welt umgehen wird, bleibt offen. Vielleicht soll der islamische Staat die gesamte Welt umfassen? In der *Farîda* findet sich auch dazu keine Antwort. Der politische Charakter dieser Vorstellungen ist mit westlichen Politikprogrammen natürlich nicht zu vergleichen. Wenn die Dschihâdisten von einer Situation ausgehen, die durch das Eingreifen Gottes zur Vollendung geführt wird – und nach allem, was wir wissen, ist das ihre Hoffnung –, dann haben wir es mit einer gerade in ihrer unpolitischen Formulierung paradoxerweise politischen und gerade wegen ihrer nicht berechenbaren Heilserwartung auch politisch brisanten Bewegung zu tun, die sich in ihrer Grundhaltung durchaus mit den *Mahdi*-Erwartungen des anti-kolonialen Kampfes in Indonesien oder Westafrika vergleichen läßt.

Andere radikale Islamisten

Wie die ägyptischen Islamisten können auch weitere Gruppen zu den „alten Terroristen" gezählt werden. Zu nennen wären hier Gruppen wie die *Hizballah* (*Hizbollah*) im Libanon oder die *Hamas* in Palästina. Die Gruppe der *Hizballah* (Partei Gottes) im Sinne der oben gegebenen Definition als Terrorgruppe zu bezeichnen, ist – auch wenn sie politisch motivierte Terroranschläge verübt – formal nicht ganz richtig, weil sie über weit entwickelte, offene, quasi-militärische und politische Strukturen verfügt. Sie stellt eine der wichtigsten Organisationen der Schiiten im Libanon dar. Ihr Mentor war lange Jahre Scheich Muhammad Hisain Fadlallah, der in Najaf im Irak ausgebildet worden war und in der Tradition der ‚Revolution von 1920' steht. Im Jahr 1985 machte *Hizballah* seine Ziele deutlich. In einem Manifest heisst es: „Wir ziehen in die Schlacht gegen das Bösen in seinen eigentlichen Wurzeln. Die erste Wurzel des Übels ist Amerika." Seine Operationen vollzogen sich auf drei Ebenen, einer offiziellen, einer halb-geheimen und einer geheimen Ebene. Offiziell predigten die Vertreter der ‚Partei Gottes' den Widerstand gegen die Feinde des Islams und unterstützen die Politik des Revolutionsführers Khomeini, halb-geheim gründete und trainierte sie eine schiitische Miliz, die vor allem im Südlibanon die israelischen Besatzungstruppen angriff. Eine geheime *Dschihâd*-Organisation griff mit Terrorattacken vor allem westliche Ziele im Libanon an. Bei zwei Attentaten der amerikanischer Ziele in Beirut 1982 und 1983 starben Hunderte von Menschen. In der Folge zogen sich die US-Truppen aus dem Libanon zurück. Zur Unterstützung des Iran im Krieg gegen den Irak griffen die Kämpfer der *Hizballah* die französische und amerikanische Botschaft in Kuweit an, Staaten, die den Irak unterstützten. Im Jahr 1986 kam es aus dem gleichen Grund auch zu Attentaten in Paris, die der *Hizballah* zugeschrieben werden. Inzwischen ist sie zu einer politischen Partei geworden, die im libanesischen Parlament als Oppositionspartei aktiv ist. Heute organisiert sie u. a. auch ein umfangreiches Netz von karitativen Organisationen wie Krankenhäusern und Kindergärten, aber auch Schulen, Lehrwerkstätten und anderen Bildungseinrichtungen. Sie verfügt über enge Beziehungen zum iranischen Revolutions-Regime, aber auch zur syrischen Regierung.

Die palästinensische *Hamas* (zunächst Abkürzung für: *Harakat al-muqâwama al-islâmiyya*, Bewegung des islamischen Widerstands, bedeutet dann aber auch ‚Kampfeseifer') war ursprünglich der palästinensische Zweig der „Muslimbruderschaft", der in den schweren Auseinandersetzungen zwischen Palästinensern und Israelis zunächst kaum in Erscheinung getreten war. Um die radikalen nationalistischen Bewegungen der Palästinenser zu schwächen, sollen israelische Geheimdienste *Hamas* sogar gefördert haben. Auch die Autonomie-Behörde sah die Stärkung von *Hamas* mit Zustimmung, weil von den Islamisten die linken Oppositionsgruppen gegen die Politik Arafats angegriffen wurden. All das führte zu einem Erstarken islamistischer Tendenzen in Palästina. Inzwischen spielen die besonders radikalen nationalistischen Gruppen wie die „Volksfront für die Befreiung Palästinas" und *Ähnliche* kaum noch eine Rolle bei den Auseinandersetzungen zwischen Palästinensern und dem israelischen Militär. Die Islamisierung des palästinensischen Widerstandes hat allerdings zu einer nicht vorausgesehenen Verschärfung der Situation geführt. Hamas kontrolliert durch Prediger die überwiegende Zahl der Moscheen im autonomen Palästina und kann auf zahlreiche Anhänger an den palästinensischen Universitäten zählen. Da Hamas auch ein enges Netz von karitativen

Einrichtungen etabliert hat, das sehr viel effektiver ist als die vergleichbaren Einrichtungen der palästinensischen Autonomie-Behörde, hat sich die Sympathie der Bevölkerung für Hamas verstärkt. Während die nationalistischen Extremisten einen säkularen Befreiungskampf um ein besetztes Land führten, geht es bei den Mitgliedern von Hamas um *Dschihâd*. In Verlautbarungen der Gruppe heißt es: „Kann ein Muslim seine Verwandten oder Freunde aufgeben? Unser Vaterland ist eins, unser Unglück ist eins und unser Schicksal ist eins." Und weiter: „Palästina ist eine islamische Stiftung bis zum Ende der Zeiten. Es kann weder in seiner Gesamtheit noch teilweise aufgegeben werden." Immer wieder wird Israel von Selbstmordattentaten erschüttert, die Mitgliedern von Hamas zugeschrieben werden. Bei den Attentätern handelt es sich in der Regel um junge Männer, die sich in sehr schwierigen persönlichen und sozialen Beziehungen befinden, keine Zukunftsaussichten für sich selbst sehen und durch die Attentate hoffen, zu Helden zu werden, die zukünftige Versorgung ihrer Familien sicherzustellen und schließlich selbst als Glaubenskämpfer in das Paradies zu gelangen. Die Familien den Attentäter werden durch das karitative Netz von Hamas unterstützt. Wie weit Berichte, dass der irakische Präsident Saddam Husain aus seinem persönlichen Vermögen große Summen zur Verfügung gestellt hat, um den Lebensunterhalt der Familien der Märtyrer sicherzustellen, richtig sind oder nur Propaganda darstellen, kann kaum beurteilt werden.

Besondere Aufmerksamkeit in der westlichen Öffentlichkeit hat in den vergangenen Monaten die philippinische Gruppe Abu Sayyaf gefunden, die mit der Entführung von europäischen Touristen auf sich aufmerksam gemacht hatte. Man muss die Aktionen dieser Gruppe vor dem Hintergrund der Geschichte des Islams auf den Philippinen sehen, der bis ins 9. Jahrhundert zurückreicht. Es hatte vor allem auf den südlichen Inseln des Vielvölkerstaates verschiedene muslimische Reiche gegeben, die sich mit den spanischen Eroberern seit dem 16. Jahrhundert lang andauernde Kämpfe geliefert hatten. Diese Auseinandersetzungen hatten bis zur amerikanischen Übernahme des Inselstaates angedauert. Auch gegen die amerikanische Kontrolle der muslimischen Teile des Landes entwickelte sich ein heftiger Widerstand. Zwar versuchten die Amerikaner durch Entwicklungsprogramme die Lage zu entspannen. Als sie 1946 die Philippinen in die Unabhängigkeit entließen, waren die Probleme aber noch nicht gelöst. Die neue Zentralregierung begann recht bald nach Erreichung der Unabhängigkeit mit einer Einwanderungskampagne christlicher Siedler in muslimische Gebiete. Eine der Folgen waren ständige gewalttätige Auseinandersetzungen um Landrechte, die zu immer neuen Aufständen der muslimischen Bevölkerung führten. Verschiedene parlamentarische Kommissionen wurden eingesetzt, um die Ursachen für die Konflikte zu erkunden, und eine spezielle „Kommission für nationale Integration" erhielt 1955 die Aufgabe, „den wirtschaftlichen, sozialen, moralischen und politischen Fortschritt der nicht-christlichen Filipinos" zu befördern. Große Erfolge konnte diese Kommission, die 1975 aufgelöst wurde, nicht erzielen.

Die Probleme in den muslimischen Gebieten führten schließlich dazu, dass der damalige philippinische Präsident Marcos 1972 den Ausnahmezustand verkündete und damit die Tatsache anerkannte, dass sich der Süden des Landes in einem Bürgerkrieg befand. Dass er damit zugleich seine Herrschaft der parlamentarischen Kontrolle entzog, war möglicherweise ein stärkeres Motiv für seine Entscheidung. Aus der Sicht der Zentralregierung war die Lage im Süden des Landes jedoch in der Tat nicht unkritisch. Ende der 60er Jahre des 20. Jahrhunderts hatten Moros, wie die Muslime auf den Philippinen genannt werden, die „Muslim Independence Movement" (MIM) gegründet, die die Gründung einer „Islamischen Republik Mindanao, Sulu und Palawan" forderte. Zur gleichen Zeit wurde die „Moro National Liberation Front" (MNLF) ins Leben gerufen, die es sich zum Ziel gesetzt hatte, mit Guerillaaktionen die Forderungen nach Unabhängigkeit zu unterstützen. Treibende Kräfte bei den Gründungen waren vor allem junge Intellektuelle und Studenten. Die Moro-Organisationen erhielten von internationalen islamischen Organisationen wie der „Islamischen Weltliga", aber auch von einzelnen islamischen Staaten, wie etwa Libyen, politische, materielle und militärische Hilfe. Libyen selbst hat verschiedentlich islamistische Organisationen unterstützt. Im Lande selbst ist der Revolutionsführer Gaddafi aber immer hart und konsequent gegen islamistische Gruppen vorgegangen. Die von ihm entwickelte Idee der ‚grünen Revolution' und manche andere von seinen Vorstellungen sind mit den islamistischen Ideologien auch nicht im Ansatz vergleichbar. Neben der nationalen Unabhängigkeit verlangte die „Moro National Liberation Front" auch Reformen der inneren Strukturen der Moro-Gesellschaft, durch die die Macht der traditionellen Eliten reduziert werden sollte. Gegen diese Tendenzen richtete sich die Gründung der „Bangsa Moro Liberation Front" (Bangsa ist die Bezeichnung der Moros für ihre Heimat), in der sich die traditionelle muslimische Aristokratie organisierte. Sie erhob zwar ähnliche Forderungen nach Unabhängigkeit wie die anderen Gruppen, entschied sich aber, mit dem Marcos-Regime zusammenzuarbeiten. Dennoch konnte der Bürgerkrieg nicht beigelegt werden. Mehr als 100 000 Muslime mussten auf die benachbarte malaiische Insel Sabah fliehen, was dort wiederum zu politischen und sozialen Spannungen führte. Malaysia ist seitdem an einer Entspannung der Lage auf den Philippinen interessiert und hat versucht, durch Investitionen und Entwicklungsprojekte in den muslimischen Siedlungsgebieten auf den Philippinen diesem Ziel näher zu kommen. Unter libyscher Vermittlung kam es 1976 zum „Abkommen von Tripolis" zwischen der philippinischen Zentralregierung und der MNLF, in dem die Autonomie der muslimischen Gebiete vereinbart wurde. Wo im Einzelnen diese Autonomie gelten sollte, war durch eine Volksabstimmung zu ermitteln. Zwar kam es zur Einrichtung von zwei muslimischen autonomen Verwaltungsbezirken und dem Erlass eines „Code of Muslim Personal Law", in dem ausdrücklich erklärt wurde, „dass das

Rechtssystem der Muslime als Teil des nationalen Rechtssystems anerkannt wird." Trotz dieser und anderer Bemühungen kam es jedoch weder unter Marcos noch unter seinen Nachfolgern zu einer friedlichen Lösung der Probleme. Das führte dazu, dass sich Unzufriedene in radikalen Gruppen organisierten, von denen eine von Abd al-Rajak Janjalani, der den Beinamen Abu Sayyaf hatte, initiiert wurde. Angeblich hatte er in Afghanistan gegen die Rote Armee gekämpft. Abu Sayyaf wurde 1998 in einem Gefecht mit der Polizei getötet. Commander Robot, der Anführer der Entführer-Gruppe, die die europäischen Touristen in ihre Gewalt gebracht hatten, hat diesen Namen übernommen. Inzwischen sind die Grenzen zwischen islamischem Widerstand und kriminellen Gruppen in einigen Fällen mehr und mehr verwischt. Diese Gruppen in eine generelle Lösung der Probleme der Muslime auf den Philippinen einzubeziehen, ist kaum möglich. Diese Form des „alten Terrors" wird daher weitergehen, auch wenn die Welt ihn nicht besonders intensiv beachten wird.

Von den Gama'at islamiyya zu Bin Laden

In der Zeit nach dem Sadat-Attentat von 1981 kam es in Ägypten immer wieder zu Terrorattacken, die sich mehr und mehr auch gegen westliche Touristen richteten. Die Attentäter versuchten auf diese Weise, die ägyptische Wirtschaft zu treffen, die in hohem Maße vom Tourismus abhängt. Vor allem in Oberägypten fanden die Attentäter ein Umfeld, in dem sie sich relativ problemlos bewegen konnten. Die Ursache für diese Sympathie mit den Islamisten in Oberägypten beruhte u. a. auf sozialen Spannungen zwischen den Muslimen und der koptischen Minderheit. Den ägyptischen Sicherheitsbehörden gelang es nur sehr langsam, die Kontrolle über diese Gebiete wiederzuerlangen. Die Verdrängung der radikalen Islamisten hatte Veränderungen in der Struktur der entsprechenden Organisationen zur Folge. Der regionale Bezug ging verloren. Die Aktivisten mussten sich neue Betätigungsfelder suchen, die sie dann vor allem in zwei Regionen der islamischen Welt auch fanden.

Als Erstes ist hier die Besetzung Afghanistans durch die Truppen der Roten Armee zu nennen. Unmittelbar nach dem Einmarsch begann ein erbitterter Widerstand verschiedener afghanischer Gruppierungen, finanziell und militärtechnologisch unterstützt durch Pakistan und die USA. Dabei waren es nicht nur Afghanen, die sich an den Kämpfen mit der sowjetischen Armee beteiligten. Vielmehr kamen aus allen Teilen der islamischen Welt junge Männer, die in der Regel einen islamistischen Hintergrund hatten, um ihren Glaubensbrüdern gegen die Angreifer zu helfen. Die afghanischen Widerstandskämpfer und ihre Helfer, die den ehrenhaften Titel *Mujâhid (pl. Mujâhidîn)* trugen, erfreuten sich der Sympathie und Unterstützung der gesamten islamischen Welt. Diese Heldenverehrung wirkte sich auch auf viele junge Muslime aus, die in Westeuropa aufgewachsen und ausgebildet worden waren. Viele von ihnen reisten nach Afghanistan und wurden von der Faszination des Kampfes, der Gemeinschaft der Muslime und der Aufopferungsbereitschaft der *Mujâhidîn* so beeindruckt, dass sie sich ihnen auf Dauer anschlossen. Auch junge Muslime aus Malaysia oder von den Philippinen wurden angezogen. Alle erhielten eine mehr oder weniger intensive militärische Ausbildung; vor allem aber wurden sie in der islamistischen Ideologie unterrichtet, wie sie aus den Texten von Sayyid Qutb und seinen Anhängern, al-Maududi, der Schule von Deoband oder der *Farîda* der Sadat-Attentäter heraus entwickelt worden war. Nach dem Rückzug der Roten Armee begann in Afghanistan ein Bürgerkrieg, der das Land und seine Bevölkerung vollständig ruinierte. Manche der auswärtigen *Mujâhidîn* beteiligten sich auf der Seite einer der zahlreichen Parteien an den Kämpfen, andere kehrten in ihre Heimat zurück, voller Begeisterung für die Sache des Islams, so wie sie ihn kennengelernt hatten. Dies war ein Islam der *Dschihâdisten.* Manche arbeiteten gegen die Regierungen ihrer Länder; andere zog es auf die verschiedenen Kriegsschauplätze, auf denen Muslime in Bedrängnis geraten waren. Dies gilt z. B. für Bosnien, Kosovo, Tschetschenien, die Philippinen, aber auch für den alten Konflikt um Kaschmir zwischen Indien und Pakistan. Vor allem der Konflikt in Bosnien wirkte auf die islamische Welt im Allgemeinen, weil sich hier eine alte Konfrontationslinie wieder auftat, die einfach zu verstehen war, nämlich die zwischen Christentum und Islam. Auch Muslime, die westliche Normen und Vorstellungen bis hin zur Säkularisierung akzeptierten, fanden hier einen Grund, sich mit den in Bosnien kämpfenden Muslimen solidarisch zu zeigen. Dass westliche Mächte schließlich zugunsten der Bosnier eingriffen, fand kaum Dank. Ein muslimischer Sprecher drückte die Haltung vieler seiner Glaubensbrüder so aus: „Wären Christen die Opfer der serbischen Massaker gewesen, hätte der Westen sehr viel schneller eingegriffen." Der Bosnien-Konflikt hat die Kritik von muslimischer Seite am Verhalten der westlichen Staaten weiter verstärkt.

Die in Bosnien kämpfenden „Afghanen" kamen nicht nur hier zum Einsatz. An verschiedenen Fronten waren und sind sie berühmt und gefürchtet. Man kann also gegenwärtig von einer beweglichen, hoch motivierten islamischen Söldnertruppe sprechen, die sich überall da anwerben lässt, wo die Sache des Islams auf dem Spiel steht. Diese Personengruppe stellt auch ein Reservoir, aus dem die „neuen Terroristen" rekrutiert werden. Sie verbindet eine islamistische Grundhaltung, wie sie von den (oben dargestellten) verschiedenen Ideologen des Islamismus formuliert wird. Ihr gemeinsamer Lebensinhalt ist der *Dschihâd* in seiner militantesten Art. In der Regel haben sie Kampferfahrung in Afghanistan, zumindest aber die Ausbildung in einem Lager afghanischer Milizen oder der pakistanischen Armee durchlaufen. Viele der „neuen Terroristen" verfügen über einen ähnlichen sozialen Hintergrund: Sie stammen aus muslimischen Mittelklassefamilien, die sich nicht durch eine besonders intensive Religiosität oder deren Gegenteil auszeichnen. Meist haben sie die Möglichkeit zu einer guten Ausbildung bekommen, in der Regel nicht in einem geisteswissenschaftlichen oder theologischen Fach, sondern im naturwissenschaftlichen oder technischen Bereich. Nicht alle haben diese Chance genutzt. Die meisten verfügen über längere Erfahrungen mit verschiedenen westlichen Gesellschaften. Darüber, dass diese Erfahrungen durchweg oder teilweise negativ waren, wird nichts berichtet. Wie sehr sich die einzelnen Afghanistankämpfer in die terroristische Gedankenwelt einbinden lassen, hängt natürlich auch von der jeweiligen Persönlichkeitsstruktur ab. Die verbreitete Vorstellung von „Schläfern", die auf ein Signal hin für jede Aktion bereit sind, ist daher nicht unbedingt richtig. Genauso gut ist es möglich, dass die Afghanistankämpfer miteinander in losem Kontakt stehen. Es gibt inzwischen auch Meldungen, die besagen, dass auch die Attentäter, die in Hamburg gelebt und studiert haben, in Afghanistan gewesen seien. Einige unter den islamischen Extremisten werden, durch persönliche Erfahrungen und Überzeugungen motiviert, einen „privaten Rachezug" gegen einen Feind wie die westliche Welt beginnen. Die zurückgelassenen Papiere der Attentäter machen deutlich, dass sie die islamistischen Einschätzungen über den Westen ganz und gar teilen. Da heißt es zum Beispiel: „Alle westlichen Zivilisationen, die ihre Macht genießen, sind in ihrem Inneren sehr schwach." Immer wieder wird in diesen Dokumenten auch deutlich, dass die geplanten Attentate als *Dschihâd* verstanden werden: „Für niemanden gibt es etwas Besseres, als die Verse des Koran zu lesen, wo Gott gesagt hat, dass man in seinem Namen kämpfen und dass man das, was man im jetzigen Leben hat, für ein anderes, besseres Leben im Himmel aufgeben solle. In einem anderen Vers sagt Gott: ‚Betrachte die Menschen, die im Namen Gottes gehandelt haben und dabei gestorben sind, nicht als tot ...' (sie leben vielmehr im Himmel)."

Die Bin Laden Connection – religiöse und soziale Hintergünde

Der kulturelle Hintergrund eines Top-Terroristen

Die wenig strukturierten Formen des islamischen „neuen Terrorismus" sind nicht vorstellbar ohne eine grundsätzliche Basis. Nach allem, was bekannt ist, wurde diese von dem saudischen Millionär Usama bin Laden zur Verfügung gestellt. Vielen Beobachtern ist nicht klar, wie dieser Mann zu einer derartigen Position gelangen konnte und was genau seine religiösen und sozialen Vorstellungen sind. Usama bin Laden hat sich nur selten schriftlich zu seinen Überzeugungen geäußert. Vorhanden sind allerdings eine Reihe von Mitschriften oder Mitschnitten von Predigten und Ansprachen, die er bei verschiedenen Gelegenheiten gehalten hat. Dass sie bisher noch nicht untersucht und analysiert worden sind, ist insofern verwunderlich, als seine Bedeutung auch westlichen Geheimdiensten schon seit mehreren Jahren bekannt war. Dass große Dienste wie die CIA oder auch der deutsche Bundesnachrichtendienst nicht über genügend Personal verfügen, um diese Texte auch Personen zugänglich zu machen, die nicht des Arabischen oder anderer orientalischer Sprachen mächtig sind, ist kaum zu glauben. Seit mehr als zwanzig Jahren ist bekannt, dass von radikalen Muslimen Gefahren ausgehen können. Die Frage, warum erst seit den späten 90er Jahren in den Sicherheitsdiensten in Deutschland wieder Fachleute für die islamische Welt eingestellt werden, muss man zumindest stellen. Daraus spricht nicht nur mangelndes Interesse an der islamischen Welt, in der Konsequenz ist diese Unzulänglichkeit sicher auch für das Gefühl von Unsicherheit mit verantwortlich, das in vielen Teilen der Bevölkerung anzutreffen ist. Die Namen der islamischen Radikalen sind aus den Tageszeitungen vor allem arabischer Länder seit etlichen Jahren bekannt. Es gibt einige deutsche Wissenschaftler, die diese Meldungen auf privater Basis gesammelt haben. Warum große Dienste mit den entsprechenden Mitteln und kompetentem Personal zu einer derartigen Arbeit nicht in der Lage sind, ist nicht ohne weiteres nachzuvollziehen. Auch der kulturelle und ideologische Hintergrund des „Paten des Terrorismus", Usama bin Laden, lässt sich aus vorhandener Literatur durchaus erhellen. Man muss dazu den historischen, kulturellen und gesellschaftlichen Hintergrund seiner Heimat kurz beleuchten.

Die Heimat von Usama bin Laden ist das Königreich Saudi-Arabien. Erst in den 20er Jahren des 20. Jahrhunderts etabliert, gehört es zu den jüngeren Monarchien der Welt. Die Geschichte der Dynastie der Familie Saud reicht allerdings in das 19. Jahrhundert zurück. Die Herrscherfamilie hatte sich zu Beginn dieses Jahrhunderts der Lehre des islamischen Rechtsgelehrten Ibn Abd al-Wahhab angechlossen, der in der ersten Hälfte des 18. Jahrhunderts auf der Basis der strengen sunnitischen Rechtsschule, der bis dahin kaum einflussreichen Hanbaliten, eine besondere Ideologie entwickelt hatte. Nach dieser sollten Muslime den Forderungen des Korans und der Prophetentraditionen möglichst genau nachkommen. Von den weit verbreiteten Formen der islamischen Mystik hielt Ibn Abd al-Wahhab gar nichts. Fanatisch ging er gegen jede Form von Heiligenverehrung vor. Daraus resultierte auch sein Hass auf die schiitische Form des Islams. Seine Lehre verbreitete er vor allem auch unter den Beduinenstämmen der arabischen Halbinsel, denen der Islam im Grunde immer noch sehr fremd war und die vor allem den Kanon der seit den Tagen des Propheten Muhammad traditionellen beduinischer Tugenden hochhielten: neben Gastfreundschaft und Großzügigkeit auch Kampfbereitschaft, Mut und die Verachtung von Feigheit. Ibn Abd al-Wahhab gelang es, zumindest einige der großen Stammeskonföderationen der arabischen Halbinsel von seinen Lehren zu überzeugen, denen er nicht nur das Paradies als Belohnung für den Tod im *Dschihâd* versprach, sondern auch reiche Beute bei den Kriegszügen in der näheren und weiteren Umgebung ihrer Schweifgebiete. In der ersten Hälfte des 19. Jahrhunderts führten die Razzien (das Wort stammt aus dem Arabischen und bedeutet „Überfall") bis nach Mesopotamien. Dort wurden von wahhabitischen Beduinen die schiitischen Heiligtümer von Kerbela und Najaf zerstört. Seit dieser Zeit herrscht eine erbitterte Feindschaft zwischen Schiiten und Wahhabiten. Die Wahhabiten waren zunächst nur für kurze Zeit in der Lage, die Kontrolle über die zentralen Regionen der arabischen Halbinsel, vor allem den Hijaz und den Najd, zu gewinnen. Verschiedenen Heeren unter osmanischem Oberbefehl gelang es immer wieder, sie aus wichtigen Positionen zu verdrängen. Erst nach dem Ende des Osmanischen Reiches in der Folge des Ersten Weltkriegs konnten sie sich gegen verschiedene Widersacher durchsetzen. Zu diesen gehörte vor allem die Familie der Haschimiten, die ihren Stammbaum auf den Propheten Muhammad zurückführen kann und in der islamischen Welt immer noch besondere Verehrung genießt. Die Beziehungen zwischen den Wahhabiten, der Familie Saud und den Haschimiten, deren Vertreter die Herrschaft in Jordanien und im Irak übernahmen, waren in der Folge verständlicherweise nie von großer Innigkeit. Das saudische Königreich war zunächst nicht viel mehr als ein lockerer Verband von Wüstenkriegern, die aber durch eine besondere Ideologie verbunden waren. Diese wahhabitische Ideologie betonte neben einem strikten Monotheismus die Notwendigkeit einer sehr wörtlichen Auslegung des Korans und der Prophetentraditionen. Es war den Führern der Familie Saud gelungen, Gruppen von Beduinen an sich zu binden, indem sie die absolute Nachahmung der Lebens des Propheten Muhammad propagierten. Dabei waren sie nicht zuletzt deshalb erfolgreich, weil sie die Normen der beduinischen Nomaden mit denen des frühen Islams in Übereinstimmung brachten. Die Beduinengruppen, die diesem Vorbild des Propheten wörtlich nacheiferten, wurden ‚*Ikhwân*'

(Brüder) genannt. Wenn diese besonders kampferprobten und erfolgreichen Truppen dem Vorbild Muhammads in jeder Hinsicht zu folgen versuchten, galt dies nicht nur für ihre religiöse Praxis, sondern für ihre gesamte persönliche Lebensführung. Bis hin zum Schuhwerk folgten sie streng jener Kleidung, wie sie der Überlieferung nach der Prophet getragen hatte. Vor allem aber verwendeten sie auch nur die Waffen, die aus den alten Überlieferungen bekannt waren. Bei den ersten Auseinandersetzungen um die Vorherrschaft auf der arabischen Halbinsel nach dem Ersten Weltkrieg waren die alten Waffen in vielen Fällen noch angemessen. Mit dem Import von neuen Formen der Militärtechnologie auch in diese Region drohten aber erhebliche militärische Nachteile für die Wahhabiten, solange die Herrschaft noch nicht endgültig gesichert war. König Abd al-Aziz Ibn Saud, der erste Herrscher der Dynastie, ordnete die Anschaffung von Maschinengewehren und Lastkraftwagen für den Transport der Truppen an. Die Elitetruppen der *‚Ikhwân'* weigerten sich aber, mit diesen Waffen zu kämpfen bzw. die Lastwagen zu besteigen. Der König war gezwungen, die *‚Ikhwân'* mit militärischen Mitteln zur Ordnung zu rufen. Schließlich kam es zu einer militärischen Auseinandersetzung, in deren Folge die *‚Ikhwân'* aus den saudischen Kampfverbänden ausgeschlossen und sesshaft gemacht wurden. Ihnen wurden bestimmte Oasen zugewiesen, in denen sie mit Landwirtschaft ihren Lebensunterhalt bestreiten mussten. Durch diese harte Vorgehensweise hatte Ibn Saud seinen Thron gerettet. Aber schon bei diesem ersten Herrscher der saudischen Dynastie wurde klar, dass er Realpolitiker war, der gegen die Ideologie, auf der seine Herrschaft beruhte, verstieß, wenn es ihm opportun erschien. Dieses Verhalten haben weder die *‚Ikhwân'* noch eine Vielzahl von anderen frommen Muslimen in Saudi-Arabien vergessen können.

Durch die Entdeckung von reichen Öl- und Erdgasvorkommen wurde Saudi-Arabien vor allem nach dem Zweiten Weltkrieg zu einem wichtigen Faktor in der internationalen Versorgung mit Energie. Britische und amerikanische Ölfirmen beuteten die wertvollen Bodenschätze aus. Die saudische Königsfamilie erhielt von diesen zwar beträchtliche Summen zur eigenen Verfügung. Gegen die Forderungen nach einer Beteiligung an den Gewinnen aus der Erdölproduktion wehrten sich die Ölfirmen aber nach Kräften. Im Grunde gelang es Saudi-Arabien wie den anderen Erdöl produzierenden Staaten erst nach dem Oktoberkrieg von 1973 zwischen Ägypten und Israel, eine Nationalisierung ihrer Bodenschätze durchzusetzen. Die Ölpreise stiegen in der Folge beträchtlich an. In Ländern wie Saudi-Arabien, das nur über eine relativ geringe Bevölkerungszahl verfügte, entstand eine Situation des Überflusses in nahezu jedem Lebensbereich. Bis heute werden die notwendigen Arbeiten im Lande vor allem von ausländischen Arbeitsmigranten erledigt, während die saudischen Staatsangehörigen sich damit zufrieden geben, die Aufsicht zu führen. Geld wurde vor allem auch für westliche Konsumgüter ausgegeben. Gerade diese Konsumgüter waren vielen frommen Muslimen in Saudi-Arabien aber ein Dorn im Auge. Besonders strikte Religionsgelehrte predigten gegen das Fernsehen ebenso wie gegen Urlaubsreisen oder gegen das Erlernen fremder Sprachen. Sie fürchteten eine Überfremdung des Landes und eine Abkehr vor allem der Jugend von den Prinzipien des wahhabitischen Islams. Auf diese Kritik reagierte das Regime mit einer besonderen Betonung der islamischen Regeln. Das Land hat seit langem eine Religionspolizei, die für die Einhaltung der religiösen Pflichten und Gebote sorgt. So zwingt sie auch heute noch die Muslime im Land, wenn es sein muss auch mit körperlicher Gewalt, an den Gebeten teilzunehmen. Immer wieder wird von der Regierung darauf hingewiesen, dass Saudi-Arabien eines der islamischen Länder sei, in denen das islamische Recht Anwendung finde. Dies gilt auch für die bekannten Kapitalstrafen, die öffentlich vollstreckt werden.

Der allgemeine Reichtum genügte Teilen der Bevölkerung jedoch nicht. Sie verlangte eine Beteiligung an den politischen Entscheidungsprozessen. Vor allem in den frühen 80er

Jahren entstand eine Oppositionsbewegung, die sich vornehmlich im Exil artikulierte. Der Schwerpunkt dieses Widerstandes hat sich in London etabliert und ist dort heute noch sehr aktiv. Im Lande selbst kam es im Jahre 1979 zu einem spektakulären Vorgang: der Besetzung der großen Moschee in Mekka. Zu Beginn des islamischen Jahres 1400 erklärte sich ein junger saudischer Staatsbürger, der offenbar in Kontakt zu den alten Gruppen der *‚Ikhwân'* gestanden hatte, zum *Mahdi*. Mit seinen Anhängern verschanzte er sich in dem größten Heiligtum der islamischen Welt. Die saudische Regierung war gezwungen, französische Spezialeinheiten zu Hilfe zu rufen, die die Moschee in einem längeren Einsatz freikämpfen konnten. Dieser Vorgang war für das saudische Regime außerordentlich peinlich. Er hatte nämlich gezeigt, dass es nicht in der Lage war, den wichtigsten und heiligsten Ort der islamischen Welt zu schützen. Dass es auf fremde, christliche Truppen angewiesen war, um sich durchzusetzen, machte die Angelegenheit noch schlimmer. Zum ersten Mal in der islamischen Geschichte hatten Menschen den heiligen Boden Mekkas betreten, die diesen im Grunde nie hätten betreten dürfen. Für viele konservative Muslime war Mekka damit entweiht. Wenn man bedenkt, dass Jerusalem seit vielen Jahren als ein weiterer heiliger Ort der Muslime unter der Herrschaft von Nicht-Muslimen steht, kann man sich die Irritation vorstellen, die die Moscheebesetzung von Mekka in Saudi-Arabien, aber auch in der übrigen islamischen Welt auslöste.

Die Sensibilität, mit der Muslime in aller Welt auf Veränderungen in den Verhältnissen in Mekka und Medina reagiert hatten, hätte der saudischen Regierung eine Warnung sein müssen. Dennoch stimmte sie wenig später dem amerikanischen Wunsch zu, mit AWACS-Fernaufklärern auch über der arabischen Halbinsel zu operieren. Nach längeren Verhandlungen waren die beiden Seiten zu der Übereinkunft gekommen, dass die Flugzeuge den Luftraum über den heiligen Städten Mekka und Medina nicht überfliegen würden. Von vielen Muslimen in Saudi-Arabien wurde die Überwachung des Landes dennoch sehr kritisch gesehen. Auch ihnen war bekannt, dass mit Hilfe dieser Flugzeuge noch die kleinsten Vorkommnisse auf der Erde genau überwacht werden können. Selbst wenn die AWACS-Maschinen Mekka und Medina nicht direkt überflogen, konnten sie doch auch die Vorgänge in den Heiligtümern und in deren Umgebung kontrollieren. Diese Tatsache wurde von islamischen Religionsgelehrten kritisch beurteilt und von Radikalen in Saudi-Arabien als eine Form der Besetzung der beiden Städte durch die Amerikaner interpretiert. Aber auch viele unpolitische Fromme im Land sahen die Freigabe des Luftraums über Saudi-Arabien als Sakrileg an. Auch die saudische Opposition im Exil wies in ihren Veröffentlichungen immer wieder auf ihre Ablehnung dieser Vorgänge hin. Dem Chor der Kritiker schloss sich der libysche Revolutionsführer Muammar al-Gaddafi an, der die islamische Welt aufforderte, sich mit allen Mitteln gegen die Besetzung der heiligen Städte durch Amerikaner zur Wehr zu setzen. Vor allem aber wies er darauf hin, dass eine Pilgerfahrt nach Mekka während der „Besetzung durch heidnische Truppen" sinnlos sei, da sie nicht als Erfüllung der Glaubenspflicht des *Hajj* betrachtet werden könne. Während die saudische Regierung die Kritik im eigenen Land unterdrücken konnte, musste sie die Exilopposition gewähren lassen. Gegen al-Gaddafi wurde dagegen ein aufwendiges religionsrechtliches Verfahren eingeleitet, in dem er zum Apostaten erklärt wurde. An dieser Erklärung beteiligten sich saudische Rechtsgelehrte, die den wichtigsten Gremien islamischer Rechtsprechung im Land angehörten. Die Protokolle der Verhandlungen wurden in einem Buch unter dem Titel „Die heilsamen Zurückweisungen der Verleumdungen von al-Gaddafi" veröffentlicht und allgemein zugänglich gemacht.

Der Vorgang wird hier so ausführlich geschildert, weil er deutlich macht: Ein Regime, das sich immer mit seiner strikten Form des Islams gebrüstet hat, ist zumindest auf die Zustimmung und Legitimierung seiner Handlungen durch die konservativen Gelehrten angewiesen. Der Schutz der heiligsten Stätten des Islams wird als das oberste Ziel der saudischen Politik in vielen offiziellen Publikationen in den Vordergrund gerückt. Dass der saudische König inzwischen den Titel „Hüter der beiden heiligen Stätten" führt, macht dies überdeutlich. Das Bild von Saudi-Arabien ist in den Augen vieler Muslime in der gesamten islamischen Welt und darüber hinaus mit religiösen Vorstellungen verbunden. Hier ist für Muslime heiliger Boden, weit über den engeren Bezirk von Mekka und Medina hinaus. Dies war in der Folge bedeutsam.

Die strategische Situation in der Golfregion erforderte aus der Sicht der amerikanischen Militäradministration eine Verstärkung der Präsenz amerikanischer Truppen, um die für die westliche Welt wichtigen Energie-Reserven zu sichern. Der lange Krieg zwischen dem Irak und dem Iran in den 80er Jahren muss dabei als Hauptmotiv angesehen werden. Zu diesem Zweck wurde die Zahl der Marine-Einheiten im Persischen Golf erhöht. Die Schiffe liefen aber nur in wenigen Situationen in Häfen der arabischen Halbinsel ein. Sehr vorsichtig wurden dann in Saudi-Arabien kleinere amerikanische Stützpunkte eingerichtet. Das zugehörige Personal trat in der Öffentlichkeit des Landes aber kaum in Erscheinung. Diese geringe Sichtbarkeit der amerikanischen Präsenz veränderte sich drastisch mit der irakischen Invasion von Kuwait am 2. August 1990. In einer groß angelegten Operation rückten unter dem Namen „Desert Shield" umfangreiche Truppenkontingente u. a. der amerikanischen, britischen und französischen Armee nach Saudi-Arabien ein. Die Soldaten und Soldatinnen waren zwar angewiesen, auf die religiösen Gefühle und sozialen Traditionen der einheimischen Bevölkerung Rücksicht zu nehmen. Dennoch war die Anwesenheit von nicht-muslimischen Truppen, unter denen sich zudem weibliche Soldaten befanden, für die überwiegende Mehrheit der saudischen Bevölkerung ein schwerer Schock und führte zu vielfältigen Irritationen. Konservative Saudi-Araber sahen in der Folge der Anwesenheit fremder Truppen einen grundlegenden Wertewandel auf das Land zukommen.

Und in der Tat kam es zu Ereignissen, die diese Befürchtungen zu bestätigen schienen. Forderungen von Bürgern des Landes z. B. nach einer stärkeren Beteiligung an politischen Entscheidungsprozessen wurden über die westliche Presse einem internationalen Publikum bekannt gemacht. Das saudische Regime reagierte darauf mit der Einrichtung einer beratenden Versammlung, der aber keine legislativen Rechte zuerkannt wurden. Für konservative und radikale Muslime waren all dies Folgen der Präsenz fremder Mächte auf dem heiligen Boden des Landes, in dem der Prophet geboren und der Islam entstanden war. Viele gemäßigte Saudis und auch Muslime in anderen Ländern hatten Verständnis für die Politik des Regimes angesichts der Bedrohung durch das säkulare Regime im Irak geäußert, wenngleich die Bombardierung Bagdads bei vielen zu Zorn und Bitterkeit geführt hatte. Während sich alle anderen alliierten Truppen nach Erreichen der Kriegsziele aus Saudi-Arabien zurückzogen, blieb die amerikanische Präsenz im Land erhalten. Die inzwischen mehr als zehnjährige Anwesenheit amerikanischer Truppen auf saudischem Boden wird angesichts der gewachsenen Spannungen in der Region von einer großen Mehrheit der Muslime in Saudi-Arabien, aber auch weit darüber hinaus, außerordentlich kritisch betrachtet. Diese Ablehnung ist grundsätzlicher Art und muss als die Reaktion auf eine tiefe Verletzung religiöser Gefühle verstanden werden.

Ein besonderes Problem stellt im übrigen die Form des Alltagslebens in Saudi-Arabien dar. Einerseits wird von der Regierung und den mit ihr kooperierenden Rechtsgelehrten ein strenger Islam propagiert, in dem auch viel von der Gleichheit aller Muslime die Rede ist. Andererseits ist das Land eine ausgeprägte Klassengesellschaft: eine reiche Herrscherfamilie, eine komfortabel lebende Mittelschicht, in einer ungesicherten Situation lebende nicht-saudische arabische Experten und praktisch rechtlose ausländische Migranten, die häufig ein Sklavenleben führen. Von einer islamischen Egalität kann also hier in keiner Weise die Rede sein. Auch in vielen anderen Bereichen des Alltagslebens finden sich nur schwer erträgliche Differenzen zwischen den propagierten und öffentlich zur Schau gestellten Formen eines strengen, ja asketischen Islams und einer mehr oder weniger geheimen Lebensweise, die mit der Formel „in Saus und Braus" vielleicht noch zu positiv beschrieben wird.

Usama bin Laden

In einem derartigen gesellschaftlichen und kulturellen Kontext wuchs der 1959 geborene Usama bin Laden auf. Er entstammt einer reichen saudischen Unternehmer-Familie, die es im Zuge des saudischen Öl-Booms zu einem Milliarden-Vermögen gebracht hat. Sein Vater war ein aus dem Jemen eingewanderter Bau-Unternehmer, dem es gelungen war, das Wohlwollen des saudischen Staatsgründern Abd al-Aziz Ibn Saud zu erwerben. Dieses Wohlwollen fand er auch bei dessen Nachfolgern. Usama bin Laden soll über 50 Geschwister und Halbgeschwister haben. Lange Zeit war er nur einer von mehreren jungen Männern, die sich als Geschäftsleute und Unternehmer um die Mehrung des Familienvermögens kümmerten. Schon mit 14 Jahren soll er sich an verschiedenen Unternehmen der Bin-Laden-Familie aktiv beteiligt haben. Er hat westliche Staaten bei Besuchen kennengelernt, sich dort aber nicht über längere Zeit aufgehalten. Von westlichen Journalisten und anderen Personen, die mit ihm in Kontakt kamen, wird er als freundlich und höflich beschrieben. Wie es zu dem Wechsel seiner Rolle von einem sehr reichen saudischen Jungunternehmer hin zu einem „Top-Terroristen" kam, ist bisher nicht bekannt. Man kann aber vermuten, dass er sich in der Situation des reichen, nur auf irdische Güter und Ziele bezogenen Lebens der saudischen Oberklasse nicht wohl fühlte. Für ihn bot der Einmarsch der Russen in Afghanistan und der Kampf der *Mujâhidin* gegen die Ungläubigen eine Möglichkeit, einen Lebenssinn zu finden. Er war nicht der einzige junge Mann aus gutem saudischem Haus, der sich auf den Weg an den Hindukusch machte. Aber keiner seiner Landsleute war so wohlhabend, und keiner war so bereit wie er, sein Vermögen für die Sache des Islams einzusetzen.

Wie viele andere junge Muslime hat ihn die Erfahrung des afghanischen Krieges tief geprägt, aber auch die kulturellen Traditionen dieses Landes, die von den Menschen in größerer Übereinstimmung mit den Idealen des Islams praktiziert wurden, als er dies von der verlogenen Lebensart in seiner Heimat kannte. Während seines Kampfes gegen die russischen Truppen hatte er offenbar auch Kontakte zu amerikanischen Militärberatern. Wie intensiv diese Beziehungen waren und ob sich aus ihnen Konflikte entwickelt haben, die zu dem offensichtlichen Hass von Usama bin Laden auf die USA führten, ist nicht bekannt. In dieser Zeit in Afghanistan entwickelte er jedenfalls ein Charisma, das ihn viele Anhänger finden ließ und das auf seine Bereitschaft zurückzuführen ist, für den Islam zu kämpfen, zugleich erfolgreiche Geschäfte zu betreiben und das so gewonnene Geld in den *Dschihâd* als bewaffneten Kampf zu investieren.

Nach seiner Rückkehr aus Afghanistan nahm er zumindest formell seine Geschäfte in Saudi-Arabien wieder auf. Seine Anhänger behaupten, dass er die irakische Invasion gegen Kuwait und Saudi-Arabien vorausgesagt haben soll. In einem Brief an den saudischen König Fahd habe er ihn vor diesem Angriff gewarnt. Gewarnt habe er aber auch davor, zur Abwehr der Aggression amerikanische Truppen ins Land zu rufen. Verschiedentlich griff er in der Folgezeit die saudische Regierung wie auch die amerikanische „Besatzungsmacht“ im Lande an. Man vermutete ihn auch hinter einem Attentat auf amerikanische Militäreinrichtungen in Dahran im Osten Saudi-Arabiens. Genauere Feststellungen über seine Verwicklungen konnten aber nicht getroffen werden, da die Attentäter nach einem summarischen Geständnis, das auch im saudischen Fernsehen übertragen wurde, sofort exekutiert wurden. Amerikanischen Ermittlern bot sich daher keine Möglichkeit, Näheres über die Hintergründe des Anschlags zu erfahren. Man kann diesen Angriff durchaus als eine Form des „alten Terrorismus" betrachten, weil sie auf einen lokalen Kontext bezogen war. Usama bin Laden musste dann das Land verlassen und siedelte in den Sudan über. Damit kam er in ein Land, das mit der Einführung des islamischen Rechts für sich in Anspruch nahm, dem Willen Gottes zu entsprechen. Usama bin Laden führte hier seine erfolgreiche Tätigkeit als Bauunternehmer fort, organisierte aber gleichzeitig Ausbildungslager für *Mujâhidin*, die in den verschiedenen Konflikten, an denen Muslime beteiligt waren, zum Einsatz kommen sollten. Ob sie auch in dem schon Jahrzehnte andauernden Bürgerkrieg im Südsudan aktiv waren, ist nicht nachzuweisen. Vom Sudan aus soll Bin Laden in verschiedene Attentate verwickelt gewesen sein, von denen der Angriff auf das World Trade Center von 1993 zunächst wohl als das folgenschwerste anzusehen ist: In einer amerikanischen Reaktion erfolgten Angriffe auf Ziele im Sudan und in Afghanistan, die sich als wenig erfolgreich erwiesen. Usama bin Laden zog sich in der Folge nach Afghanistan zurück und konnte sich dadurch den Blicken der westlichen Geheimdienste weitgehend entziehen. Attentate auf die amerikanischen Botschaften in Daressalam und Nairobi und ein Selbstmordattentat auf ein amerikanischen Kriegsschiff, die USS Cole, in der jemenitischen Hafenstadt Aden wurden Bin Laden zugeschrieben. Daher war es nicht verwunderlich, dass schon Minuten nach den Angriffen auf die „Twin Towers" des World Trade Center er als Drahtzieher vermutet wurde.

Usama bin Laden hat, wie gesagt, seine ideologischen Vorstellungen kaum in schriftlicher Form fixiert. Seine Ideen werden vor allem in Form von Audio-Kassetten verbreitet, die man in manchen Städten der islamischen Welt, so z. B. in Pakistan, auf der Strasse kaufen kann. Angeblich soll er an einem Buch mit dem Titel „Amerika und der Dritte Weltkrieg" arbeiten, von dem Teile schon zirkulieren. Im Jahre 1998 hatte er eine Deklaration gegen die „Allianz von Kreuzzüglern und Juden" veröffentlicht, in der es heißt: „Alle Verbrechen und Sünden, die von den Amerikanern begangen wurden, sind eine offene Kriegserklärung an Gott, seinen Propheten und alle Muslime. Es wird festgestellt, dass es die individuelle Pflicht eines jeden Muslim ist, in jedem Land der Welt und wo immer möglich die Amerikaner und deren Verbündete zu töten."

Dieser kurze Text enthüllt ebenso den Kern seines Selbstverständnisses, wie es seine auf Video aufgezeichneten und durch das Fernsehen weltweit verbreiteten Angriffe nach den ersten amerikanisch-britischen Bombardements gegen Ziele in Afghanistan taten: Offenkundig ist bin Ladens Hass gegen die USA, die er als eine Kombination aus all dem betrachtet, was der islamischen Welt seit Jahrhunderten feindlich gegenübersteht. Der Begriff der „Kreuzzügler" bezieht sich zunächst auf die historischen Ereignisse im Zusammenhang mit den mittelalterlichen Kreuzzügen ins Heilige Land. Dann aber bezeichnet er im Verständnis bin Ladens jede Form von westlichem Imperialismus, angefangen bei der kolonialen Ausbreitung des 19. und 20. Jahrhunderts über den so verstandenen Kulturimperialismus oder die „McDonaldisierung" der Welt bis hin zu all dem, was unter dem Schlagwort der „Globalisierung" lebhafte Kritik nicht nur von muslimischer Seite gefunden hat. Der Bezug auf „Juden" hängt mit dem bisher nicht gelösten Palästina-Konflikt zusammen, geht aber darüber hinaus und nimmt verschiedene, im Orient besonders beliebte Theorien von Weltverschwörungen auf, die sich immer wieder auf das so genannte „Testament der Weisen von Zion" beziehen. Indem Bin Laden die Amerikaner einer Kriegserklärung gegen Gott bezichtigt, nimmt er eine alte Formulierung auf, die sich in verschiedenen innerislamischen Auseinandersetzungen findet. Durch diese Feststellung ist es aus der Sicht des islamischen Rechts möglich, gegen Menschen ohne Rücksicht auf sonstige Regeln des islamischen Rechts vorzugehen. Die Betonung der individuellen Pflicht eines jeden Muslims, Amerikaner und ihre Alliierten überall zu töten, wo sie anzutreffen sind, entscheidet eine alte Diskussion unter islamischen Rechtsgelehrten in einem radikalen Sinn.

Über die Organisation von Usama bin Laden sind vielfältige Vermutungen angestellt worden. Offensichtlich hat er einen Kreis enger Vertrauter um sich versammelt, von denen der bereits erwähnte Ayman al-Zawahiri wohl die wichtigste Gestalt ist. Er stammt aus Ägypten und hat ein Medizinstudium absolviert. Schon früh hat er sich den radikalen islamischen Gruppen dieses Landes angeschlossen und soll mit dem Kreis der Sadat-Attentäter in Verbindung gestanden haben. Längere Zeit hat er in der Schweiz gelebt. Im Gegensatz zu bin Laden hat sich Ayman al-Zawahiri immer wieder zu seiner Auffassung des Islams geäußert und sich Zeitungsfehden mit Vertretern anderer Meinungen geliefert. Bekannt sind seine Auseinandersetzungen mit Anhängern und Führern der „Muslimbruderschaft", deren karitative Aktivitäten auch in den afghanischen Flüchtlingslagern in Pakistan er mehr oder weniger lächerlich macht. Für ihn ist der *Dschihâd* als bewaffneter Kampf die einzige Art und Weise, in der man ein islamisches Leben führen kann.

Die Struktur einer geheimen Terrororganisation bringt es mit sich, dass keine exakten Organigramme und Darstellungen von Befehlsebenen festgestellt werden können. Es ist aber nicht nur das konspirative Verhalten, das es so schwierig macht, Einblick in der Aufbau der von bin Laden gegründeten Organisation *‚al-Qâ'ida'* zu gewinnen. Der Name wird häufig mit „Die Basis" übersetzt. Immer wieder ist in der Folge der Attentate vom 11. September 2001 davon geredet worden, dass ein derartiges Komplott nur von einem großen staatlichen Geheimdienst habe geplant und durchgeführt werden können. Die verschiedenen Einschätzungen, die in deutschen Medien veröffentlicht worden sind, ergeben kaum ein klares Bild. Es entsteht aber der Eindruck von einer Organisation, in der sich voneinander unabhängig operierende Einzelgruppen „auf Kommando", aber „ad hoc" zu einer bestimmten Aktion zusammenfinden. Sie alle sind offenbar von der Ideologie Usama bin Ladens beeinflusst. Man kann ferner davon ausgehen, dass die Finanzierung der Attentate aus Quellen erfolgt, die von bin Laden gespeist werden. Unmittelbare hierarchische Beziehungen oder gar Befehlsstrukturen zwischen der „Führung" und den Aktivisten bestehen aber offensichtlich nicht.

Im Grunde haben wir es hier mit einer Organisationsform zu tun, wie sie uns aus den beduinischen Gesellschaften der arabischen Halbinsel schon lange bekannt sind. Auch dort finden sich verschiedene Gruppen, die in der Regel jeweils eine verwandtschaftliche Grundlage haben, zu Aktions-Gruppen zusammen. Nachdem das gemeinsame, vorher definierte Ziel erfolgreich oder erfolglos in Angriff genommen worden ist, lösen sich diese Aktionsgruppen wieder auf, um sich bei anderer Gelegenheit und wahrscheinlich in neuer Zusammensetzung wieder zusammenzufinden. Es ist nicht auszuschließen, dass diese Form der Kooperation von den „neuen Terroristen" ganz bewusst aus der Geschichte der frühen islamischen Kriege, den *Maghâzî* (Überfälle) übernommen worden ist. Wie schwierig es ist, solche Gruppen, die sich ad hoc zu einer Aktion zusammenfinden, zu kontrollieren, erleben die Sicherheitsdienste der verschiedenen Länder in diesem Augenblick. Was die Kommunikation zwischen den verschiedenen Gruppen angeht, so vermuten manche, dass hier mit alten Geheimdienstmethoden wie toten Briefkästen und Ähnlichem gearbeitet wird. Dies erscheint jedoch eher unwahrscheinlich. Man muss vielmehr davon ausgehen, dass Kuriere mit Informationen hin und her reisen und dass bisher auch die modernen Kommunikationsmedien verwendet worden sind. Neben E-Mails sind hier vor allem die kaum noch zu überschauende Zahl an islamischen Websites zu nennen, die die Kommunikation unter Muslimen stark intensiviert hat. Auf diesen Sites kann man Bücher zu Fragen des Islams ebenso kaufen wie rituell reine Lebensmittel oder islamische Kleidung. Bemerkenswert sind die häufig sehr lebhaften Chat-Rooms, in denen vor allem junge Muslime ihre Sicht der Welt und des Islams austauschen. Angesichts der ungeheuren Flut von Daten und Informationen, die heute in jedem Augenblick ausgetauscht werden, ist die Gefahr, tatsächlich entdeckt zu werden, nicht besonders groß. Das Bild von dem „Strohhalm im Heuhaufen", der von den Sicherheitsdiensten gefunden werden muss, ist sehr treffend.

Auch die Frage der Finanzierung der Anschläge ist kontrovers diskutiert worden. Die Behörden hoffen, durch die Kontrolle bzw. die Sperrung von Konten den Terroristen die finanzielle Basis zu entziehen. Natürlich werden auch die verschiedenen Formen westlicher Geldtransfers von den „neuen Terroristen" genutzt. Bei der weltweit riesigen Zahl von Überweisungen ist die Gefahr, dass ein verdächtiger Transfer angehalten wird, gering. Dennoch werden offenbar auch andere, traditionelle Formen des Geldtransfers genutzt. Schon seit dem 9. Jahrhundert sind in der islamischen Welt Formen von Geldtransfer bekannt, die arabisch als ‚*Hawâla*' (im Sinn von Wechsel, Überweisung, Scheck) bezeichnet werden. Diese Form von bargeldlosem Zahlungsverkehr vollzieht sich folgendermaßen: Eine Person an einer Stelle in der islamischen Welt zahlt bei einem Geldhändler eine bestimmte Summe ein und erhält gegen eine entsprechende Gebühr ein Schriftstück, für das er an einem anderen Ort von einem anderen Geldhändler und wiederum gegen die Zahlung einer entsprechenden Courtage die zuvor eingezahlte Summe zurückerhält. Zwischen den verschiedenen Geldhändlern besteht ein Netzwerk, das auch ein Kommunikationssystem beinhaltet, mit dessen Hilfe die jeweiligen Summen ausgetauscht werden können. In seltenen Fällen wird Geld bar von einem Händler zu einem anderen transferiert. An diesem System von traditionellen Geldhändlern beteiligen sich nicht nur Muslime, sondern auch solche, die anderen Religionen angehören. Zu kontrollieren oder auszuschalten ist dieses Netz wohl kaum. Diese für viele schwer nachvollziehbare Verbindung traditioneller und modernster Mittel macht offensichtlich den Charakter der Operationen islamischer Extremistengruppen heute mit aus.

Ausblick

Die Abfassung eines auf aktuelle Ereignisse bezogenen Buches steht vor einer Reihe von Schwierigkeiten, von denen diejenige, dass Erkenntnisse von Medien und Geheimdiensten die bisherigen Überlegungen und Darstellungen möglicherweise sehr schnell überholt erscheinen lassen, nicht die geringste ist. Doch worauf es dieser Publikation ankommt, ist etwas Grundsätzlicheres: Bald nach den Attentaten vom 11. September 2001 ist von Politikern, Journalisten und anderen zu Recht darauf hingewiesen worden, dass der Islam eine sehr vielfältige Religion ist und man Muslime nicht ‚über einen Kamm scheren' dürfe. Das große Interesse der deutschen Öffentlichkeit am Islam, das z. B. in der großen Zahl von Moscheebesuchern am ‚Tag der offenen Moschee' am 3. Oktober 2001 deutlich geworden ist, darf als ein ermutigendes Zeichen des Interesses und des Willens zur Differenzierung gesehen werden. Unterscheidungsvermögen sollte freilich auch in Bezug auf solche Formen des Islams entwickelt werden, die uns weniger sympathisch sein mögen. In diesem Buch ging es auch darum, deutlich zu machen, dass sich auch innerhalb des Spektrums des islamischen Fundamentalismus unterschiedliche Strömungen ausmachen lassen, die man nicht untereinander – und die man vor allem nicht mit dem gewalttätigen Extremismus und Terrorismus verwechseln sollte. Ebenso, dass man etliche dieser Vorstellungen zwar nicht akzeptieren muss, aber doch vielleicht in ihrer inneren Logik und von ihrem gesellschaftlichen und geschichtlichen Hintergrund her nachvollziehen kann. Nur wenn man auf der Basis solider Kenntnis klar und vorurteilsfrei unterscheidet, kann man dem brisanten Zusammenhang von religiösem Fanatismus und menschenverachtender Gewalt effizient begegnen – auf der geistigen und der politischen Ebene. Und nur indem fundamentalistische Muslime andererseits verstehen lernen, warum westliche Gesellschaften ihre besondere Form haben, die auch für sie mit erheblichen Vorteilen verbunden ist, wird man verhindern, dass sich von ihnen gewaltbereite Gruppen abspalten.

In verschiedenen Kommentaren ist davon die Rede, dass die Terroristen von New York und Washington von apokalyptischen Vorstellungen beeinflusst seien. Die Vorstellungen von messianischen Wehen, davon, dass die Welt erst ganz ins Elend geraten müssen, ehe sich alles zum Besseren wenden könne, findet sich in der Tat in zahlreichen Heilserwartungsbewegungen des Islams. Die Vorstellung, dass die Welt voller Schlechtigkeit, Ungerechtigkeit und Ärgernis sein müsse, ehe der Messias erscheinen und das Reich des Friedens und der Gerechtigkeit anbrechen werde, hat es vielen Menschen vielleicht erst möglich gemacht, ihr Unglück überhaupt zu ertragen und ein elendes Leben ohne Rebellion hinzunehmen. Wenn also heute apokalyptisches Gedankengut in Heften, Büchern und Videos an Tankstellen oder bei fliegenden Händlern in der islamischen Welt oder in obskuren Buchhandlungen deutscher Städte verbreitet wird, bedeutet das noch nicht, dass alle, die diese Machwerke lesen, sich in potentielle Attentäter verwandeln. Es bedeutet allerdings, dass man sich fragen muss, warum diese Veröffentlichungen derzeit eine solche Konjunktur haben.

Wir werden uns mit einer neuen Einschätzung der Globalisierung auseinandersetzen müssen. Bisher hat man Globalisierung als weltweiten Austausch von Informationen, Geldströmen oder Nachrichten verstanden. Globalisierungsgegner haben daran nicht den Austausch kritisiert, sondern die damit verbundenen Folgen für das Wohl einzelner Gesellschaften und Individuen. Gedanken darüber, welche Folgen der Empfang eines Fernsehkanals wie MTV für Menschen in afghanischen Flüchtlingslagern haben kann, die Europa nicht kennen und auch nie kennen lernen, hat sich niemand gemacht. Was ein Knopfdruck an einem Fernsehgerät in den Köpfen anrichtet, durch den in den Elendsvierteln von Rio de Janeiro, Karatschi oder Kairo Bilder eines Reichtums vermittelt werden, der auch für Europäer der Mittelklasse nicht erreichbar ist, hat bisher niemanden interessiert. Die erschreckenden Bilder von den Angriffen auf die „Twin Towers" sind nicht nur in Europa oder Amerika gesehen worden. Wie mögen sie auf die gewirkt haben, die sich vom Westen so weit entfernt sehen, dass sie ihn nie erreichen werden, die aber ihr Leben riskieren, um ihrem Elend zu entfliehen und in diesen Westen zu gelangen? Bisher speisten sich Szenarios der negativen Globalisierungsfolgen aus der Vorstellung, dass die Zahl der Migranten aus den Ländern der Dritten Welt in einem für den Westen nicht mehr verkraftbaren Ausmaß ansteigen würde. „Das Boot ist voll" – das ist das am häufigsten gebrauchte Bild für diese Sorge. Nun stellt sich heraus, dass gar kein Boot da ist, das es dem privilegierten Teil der Welt erlauben würde, ohne Schaden davonzukommen. Eine zentrale Lehre aus den Ereignissen vom 11. September 2001 ist: Die Probleme der Welt sind nicht mehr auf eine bestimmte Region zu reduzieren. Der „neue Terrorismus" operiert weltweit, er kann sich aus jedem Konflikt entwickeln. Wir erleben das in Kolumbien ebenso wie in Tschetschenien oder auf den Philippinen. Globalisierung bedeutet in Zukunft auch die Globalisierung der Probleme der Welt. Dies ist ein Faktum. Mit dieser Tatsache werden wir umgehen müssen. Ich bin sicher: Die reichen Nationen werden verstehen, dass es ökonomischer ist, in die Verringerung des Elends zu investieren und die Beilegung von Konflikten zu finanzieren, als sich mit immensem Aufwand gegen Attentate von einem Ausmaß, wie wir sie erlebt haben, zu schützen.

Die Welt des Islam

Jamal J. Elias
Islam
Band 4824
Die konzise Darstellung des muslimischen Glaubens und seiner Praxis im Lebenskreis der Gläubigen in Geschichte und Gegenwart.

Adel Theodor Khoury/Ludwig Hagemann/Peter Heine
Islam-Lexikon A–Z
Geschichte – Ideen – Gestalten
3 Bände in Kassette
Band 4753
Dieses Lexikon erschließt in über 450 Artikeln die komplexe Welt des Islams.

Mathias Rohe
Der Islam – Alltagskonflikte und Lösungen
Rechtliche Perspektiven
Band 4942
Droht eine Konfrontation von islamischen und westlichen Rechtsauffassungen? Wo liegen Lösungen?

Rita Breuer
Familienleben im Islam
Traditionen – Konflikte – Vorurteile
Band 4591
Soziale, kulturelle, religiöse und rechtliche Aspekte des islamischen Familienlebens zwischen Tradition und Moderne.

Annemarie Schimmel
Rumi
Meister der Spiritualität
Band 5093
Die wohl bedeutenste Rumi-Forscherin bietet eine hinreißende Einführung in sein Leben, seine geistig-kulturellen Hintergründe, seine poetische Mystik und seine spirituelle Welt.